Chimalli

Creando Arte Ceremonial
Creating Ceremonial Art

2nd Edition / 2da Edición

Muteado Silencio

POOR Press

ISBN 978-1-956534-00-9

Traducido por Laura Guzman y Meiriely Amaral
Translated by Laura Guzman and Meiriely Amaral

Thank you to POOR Press team for design and copy-editing.
Gracias al equipo de Prensa POBRE por el diseño y la edición.

POOR Press is a poor and indigenous people-led press dedicated to publishing the books and scholarship of youth, adults, and elders in poverty locally and globally.

Prensa POBRE es una prensa dirigida por pueblos indígenas y pobres que se dedica a publicar los libros y escolaridad de jóvenes, adultos y ancianos en situación de pobreza localmente y globalmente.

www.poormagazine.org
www.poorpress.net

Reconocimientos

Quiero agradecerle a mi madre, Roselia Jaramillo Antúnez, que siempre me inculcó a hacer orgulloso de quién soy y de donde venimos como gente indígena y por lo que hemos pasado. También quiero agradecer a mi familia de POOR Magazine/ Prensa POBRE por creer en mí, crear Prensa POBRE y la teoría de los Sabios de la pobreza y darme la oportunidad de hacer este humilde libro realidad.

Acknowledgments

I want to thank my mother, Roselia Jaramillo Antúnez, who always instilled me to be proud of who I am and where we come from as indigenous people and what we have been through. I also want to thank my POOR Magazine/Prensa POBRE family for believing in me, creating POOR Press and the theory of poverty scholarship, and giving me the opportunity to make this humble book a reality.

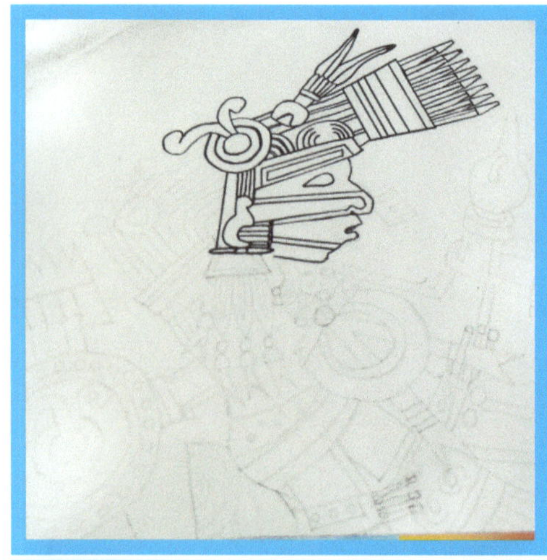

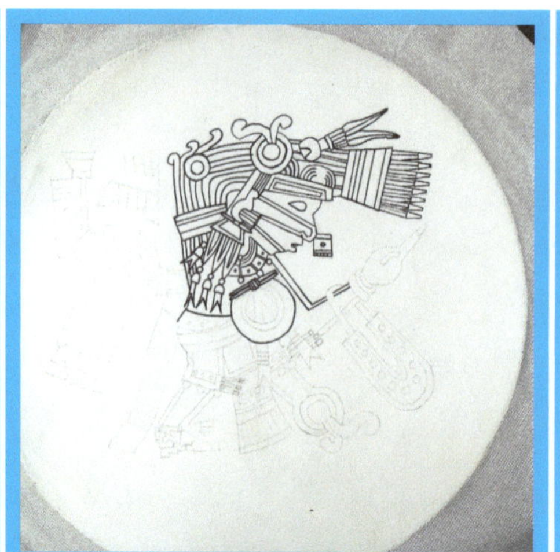

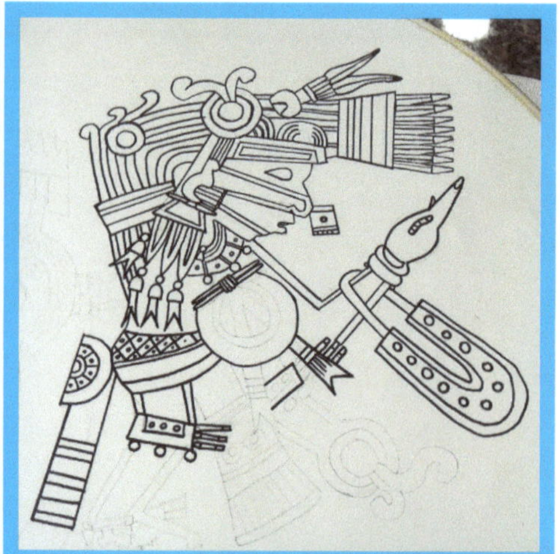

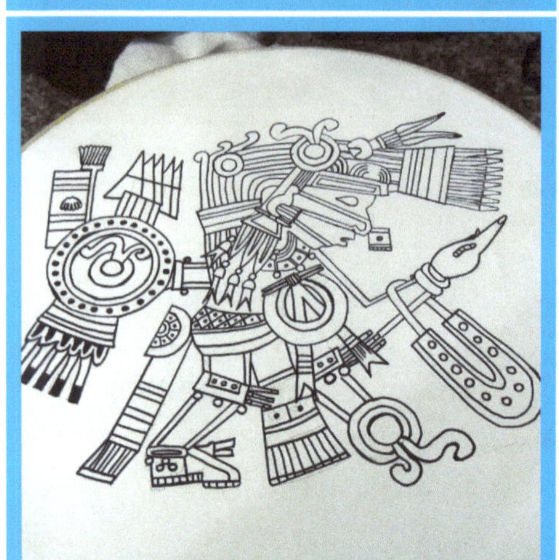

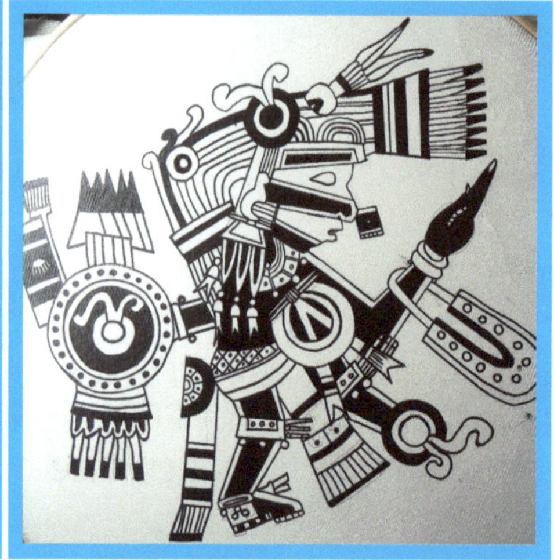

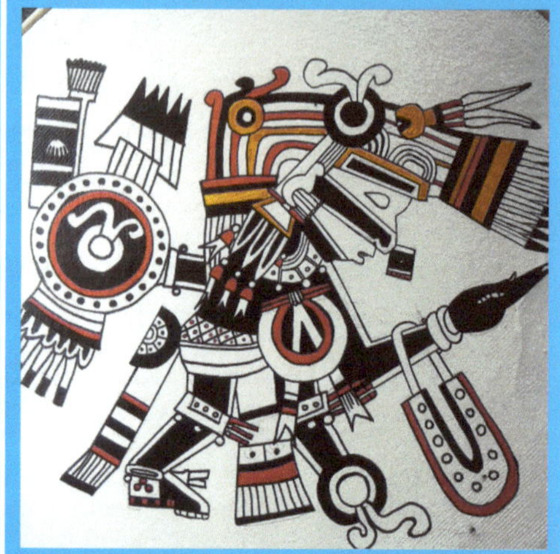

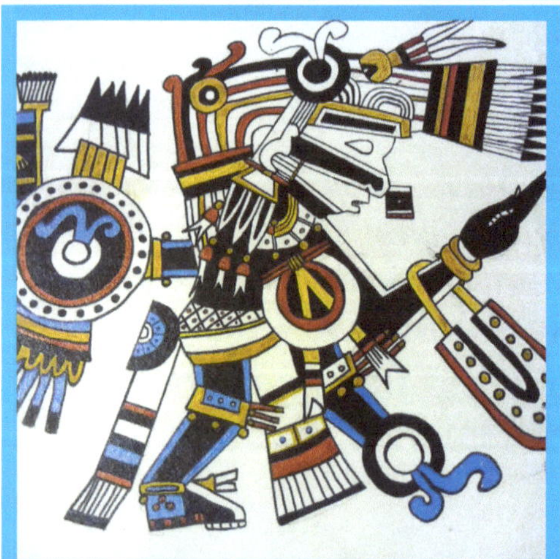

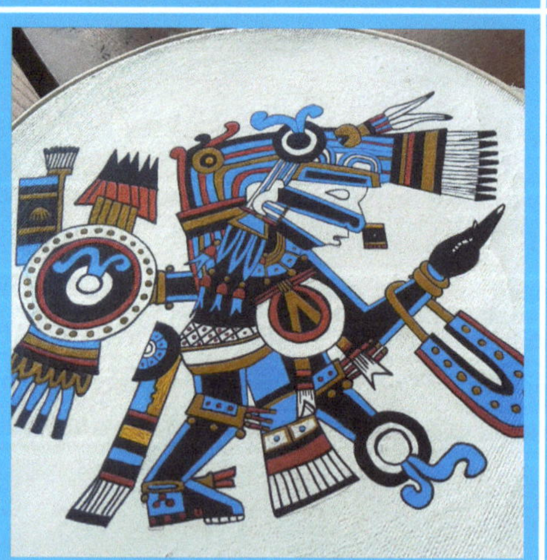

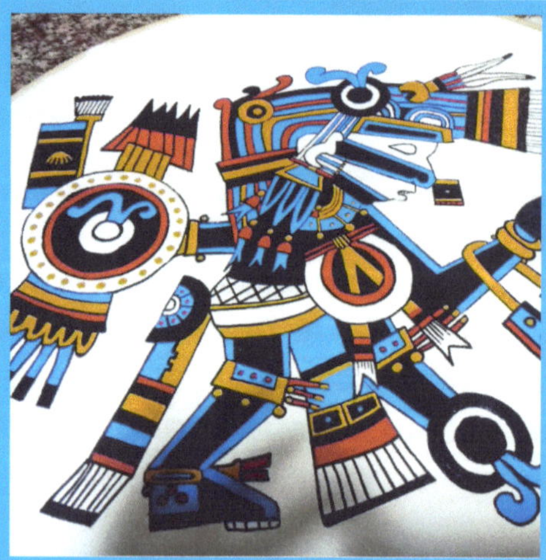

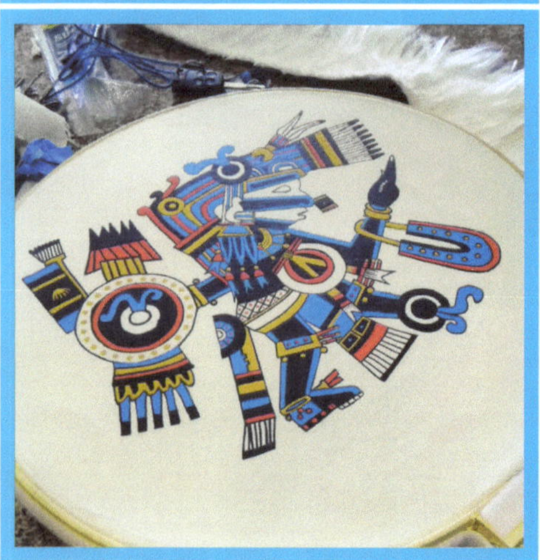

Tezcatlipoca es conocido como señor del cielo y la tierra, con carácter poderoso, omnipresente, rey de las batallas, fuerte e invisible, es considerado el lado oscuro del poder de la deidad.

Tezcatlipoca is known as the lord of the heaven and earth, with mighty character, omnipresent, king of battles, strong and invisible, is considered the dark side of power of the deity.

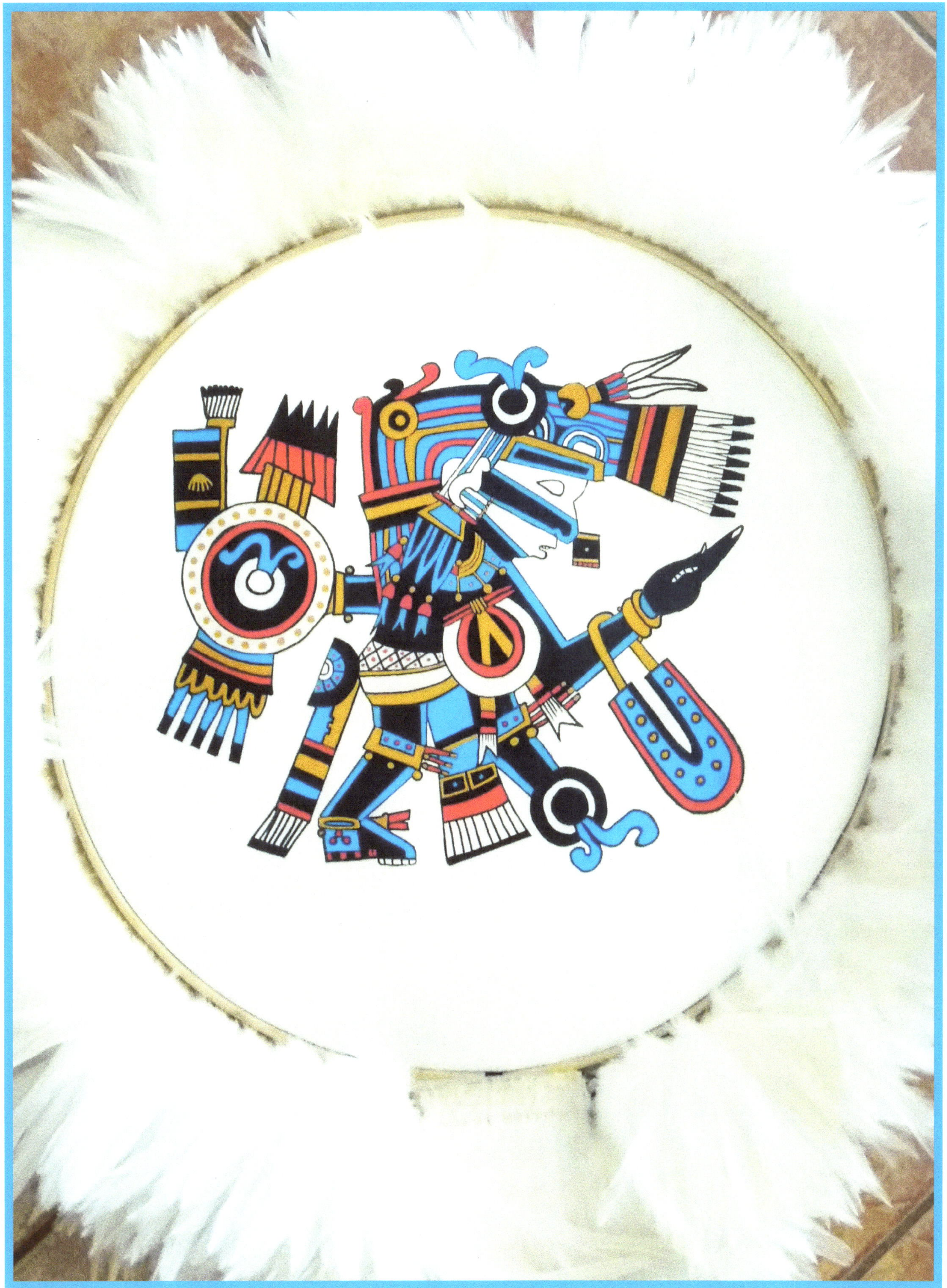

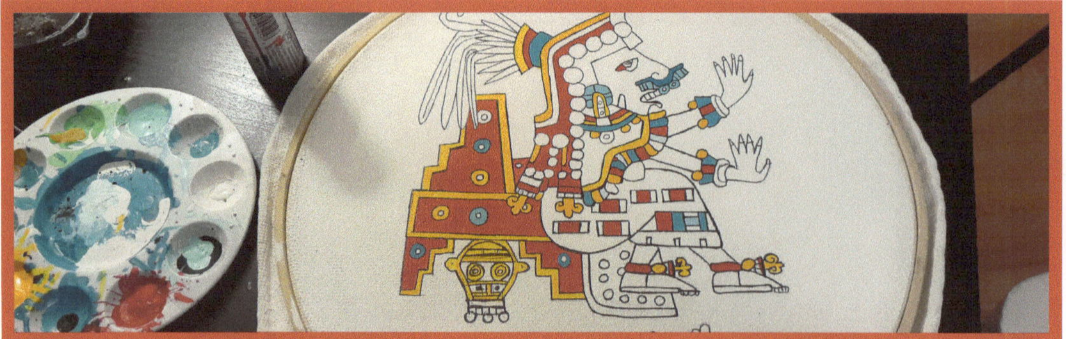

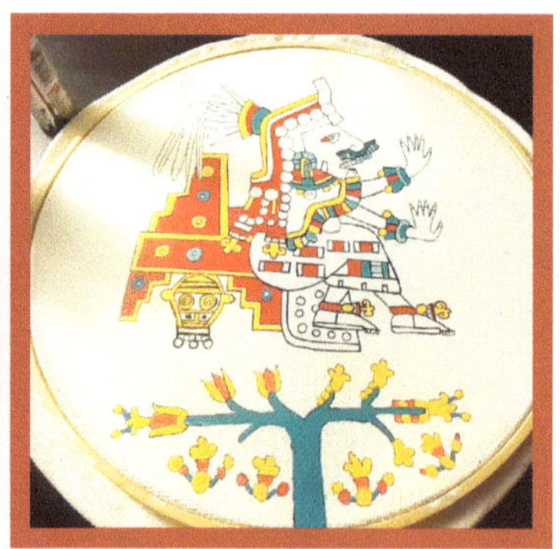

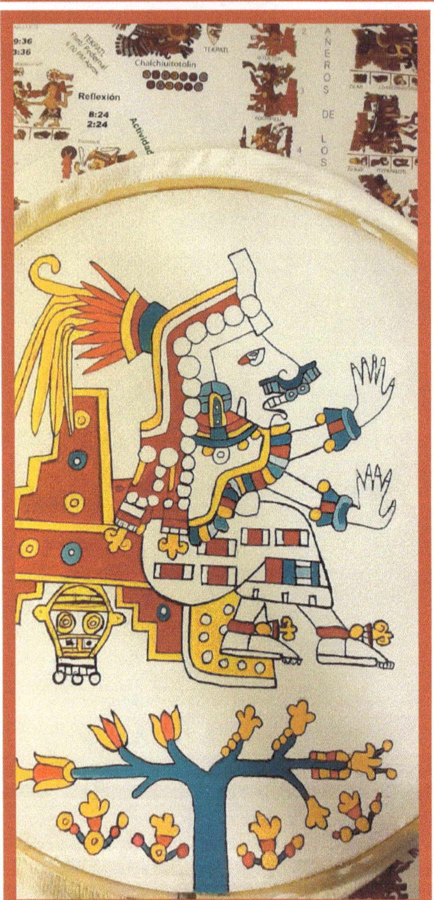

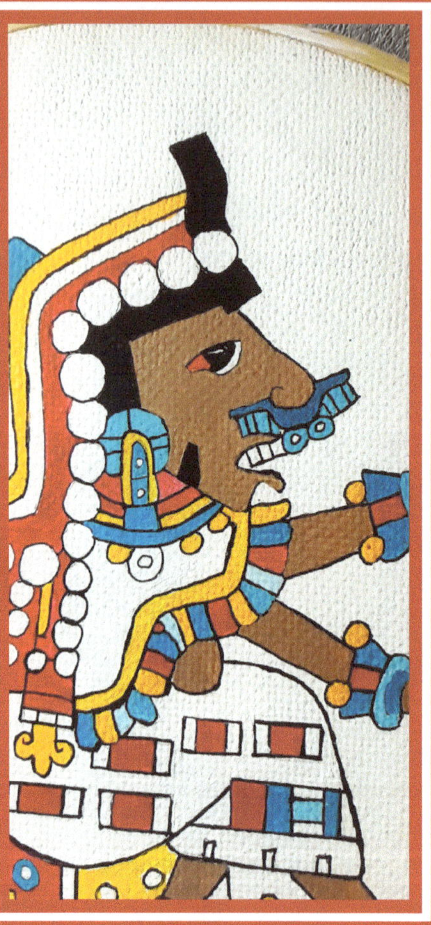

Chantico. Diosa de los fuegos del corazón, los fuegos del hogar y los volcanes, y quien era la responsable de la maduración de las mazorcas. Es representada con el rostro en negro y rojo y sus símbolos eran una serpiente roja y púas del cactus. Era asociada al calor y a la luz brillante y figuraba además con un manojo de rayos en su espalda.

Chantico. Goddess of the fires of the heart, the fires of the home and volcanoes, and who was responsible for the maturation of the cobs. She is represented with her face in black and red and her symbols were a red serpent and cactus spikes. She was associated with heat and bright light and also featured with a bundle of rays on her back.

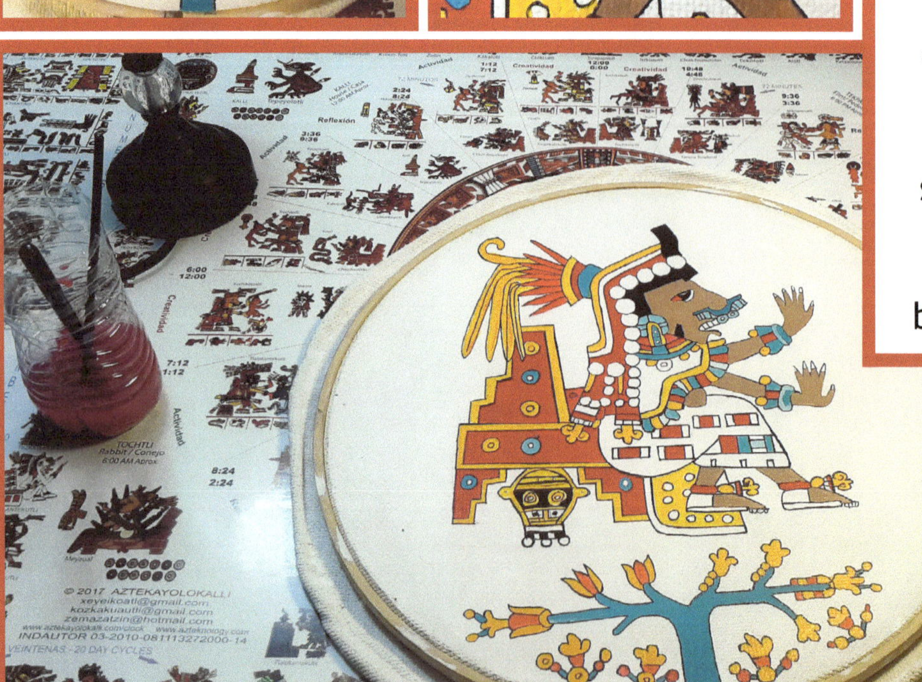

Tlaloc Energia de la lluvia, hace parte de las deidades de la tierra, siendo muy conocido por su facultad para dominar el agua y proveer el líquido vital o también llamado licor de la tierra que contribuía al crecimiento de los cultivos de maíz. Se le invocaba también para agradecer su intervención cuando las cosechas eran exitosas y en aquellas épocas donde la sequía se apoderaba de los campos.

Tlaloc Energy of the rain, is part of the deities of the earth, being well known for its ability to dominate water and provide vital liquid or also called liquor of the land that contributed to the growth of corn crops. He was also invoked to thank his intervention when harvests were successful and in those times where drought seized the fields.

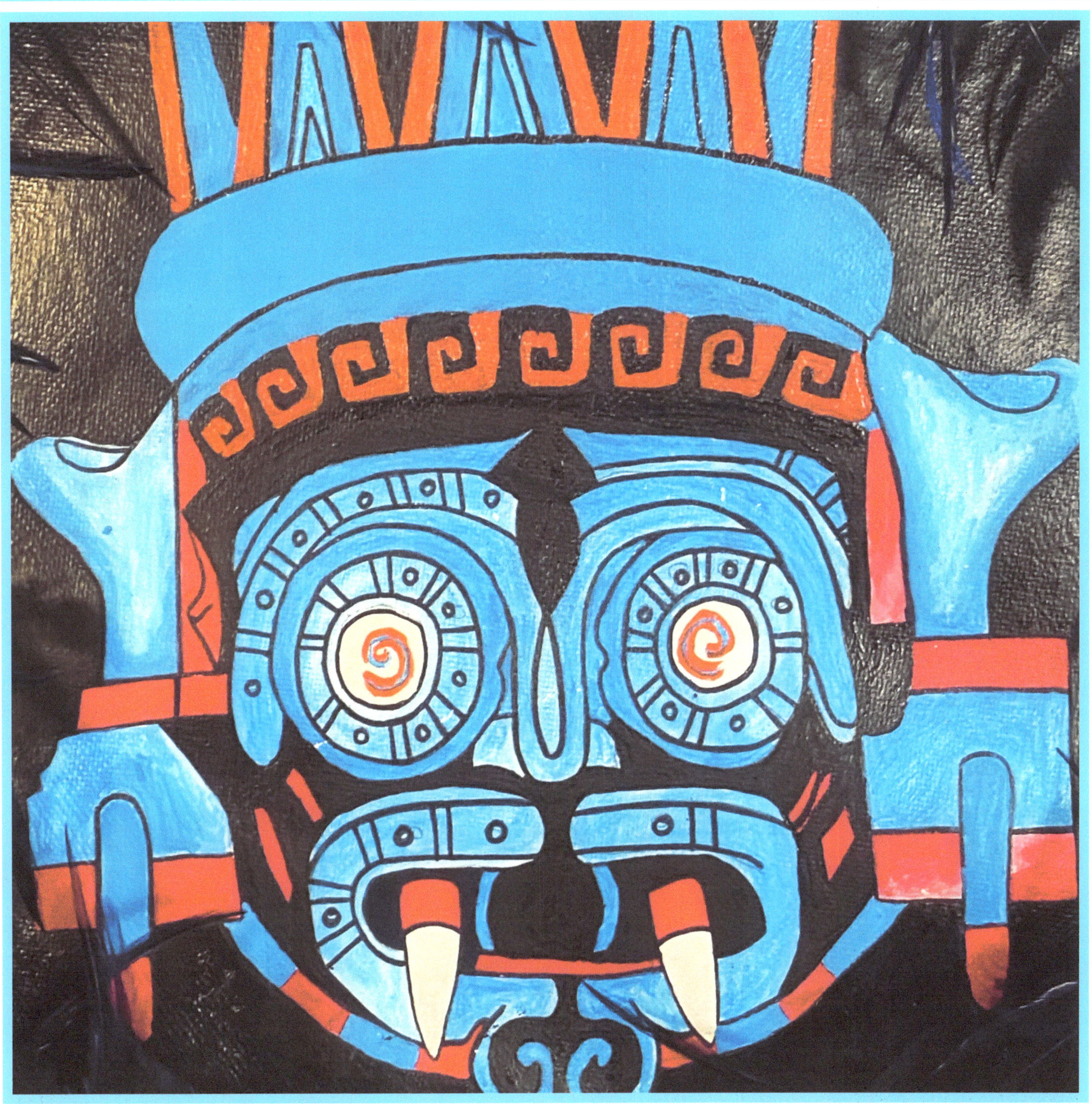

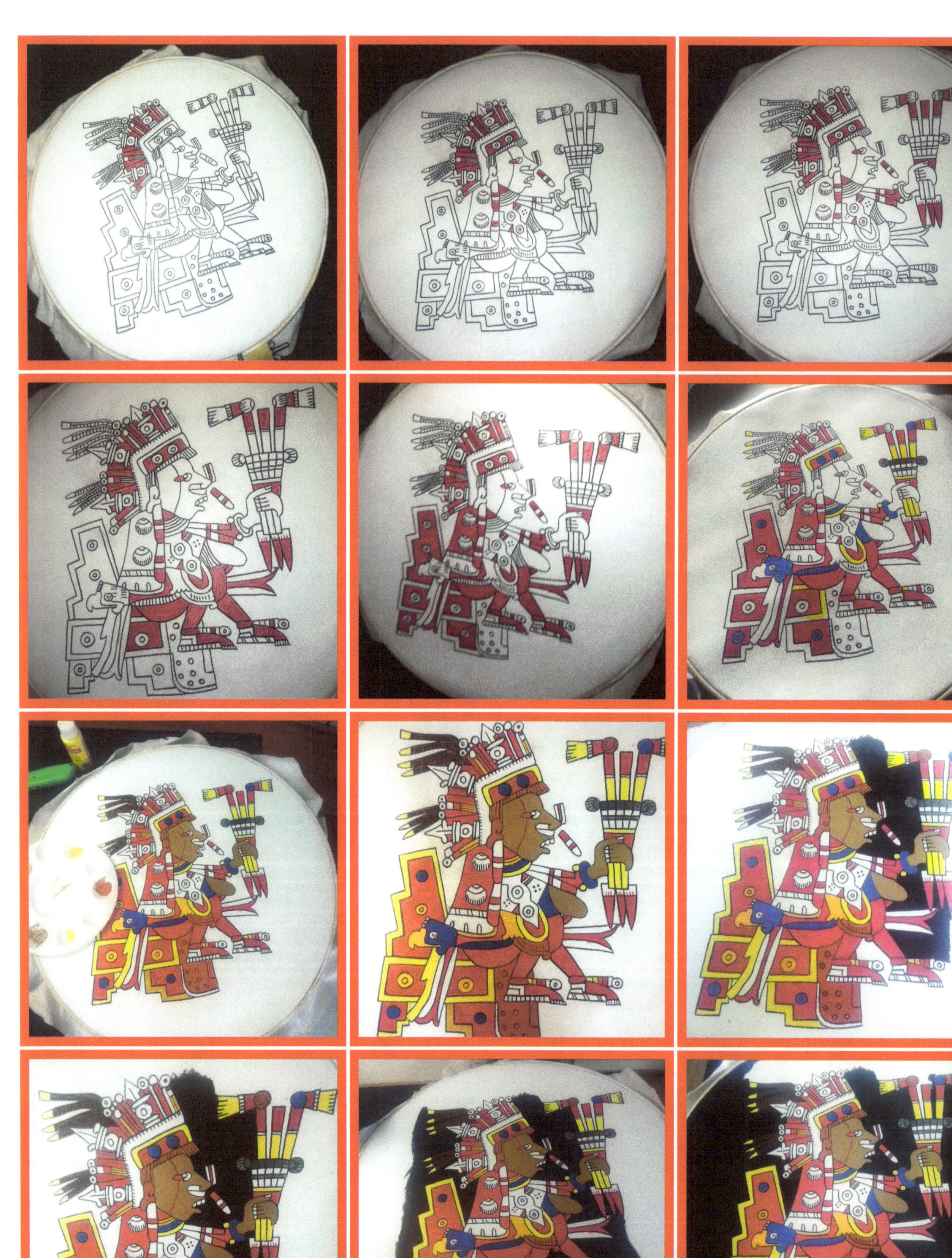

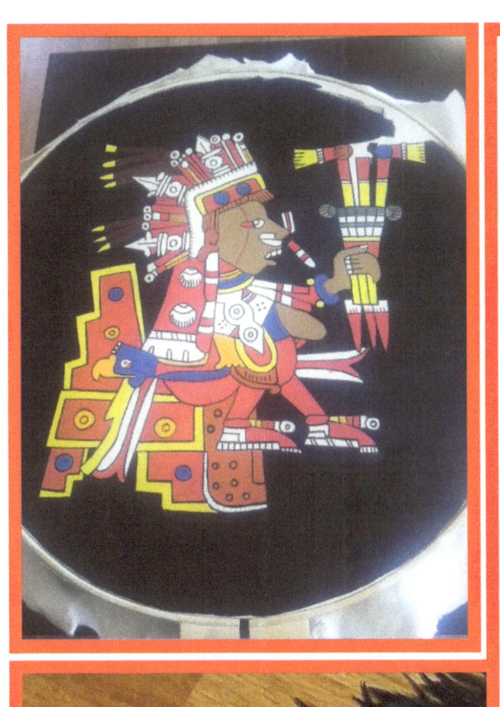

XIPE TOTEC Nuestro Señor el Desollado», Dios del Rejuvenecimiento Primaveral y protector de los Orfebres, es uno de los más extraordinarios y más antiguos Devas de todo el panteón Mexica, cuyo culto abarcó prácticamente toda Mesoamérica. Además es uno de los 4 Tezcatlipocas, hijos de la Primigenia Pareja Divina Ometecuhtli y Omecíhuatl (Señor y Señora de la Dualidad, respectivamente), al cual se le asigna tanto el color rojo.

XIPE TOTEC Our Lord the Flayed One, God of Spring Rejuvenation and protector of the Goldsmiths, he is one of the most extraordinary and oldest Devas of the entire Mexican mausoleum, whose cult spanned practically all of Mesoamerica. In addition he is one of the 4 Tezcatlipocas, children of the Original Divine Couple Ometecuhtli and Omecíhuatl (Lord and Lady of Duality, respectively), which is assigned both the color red.

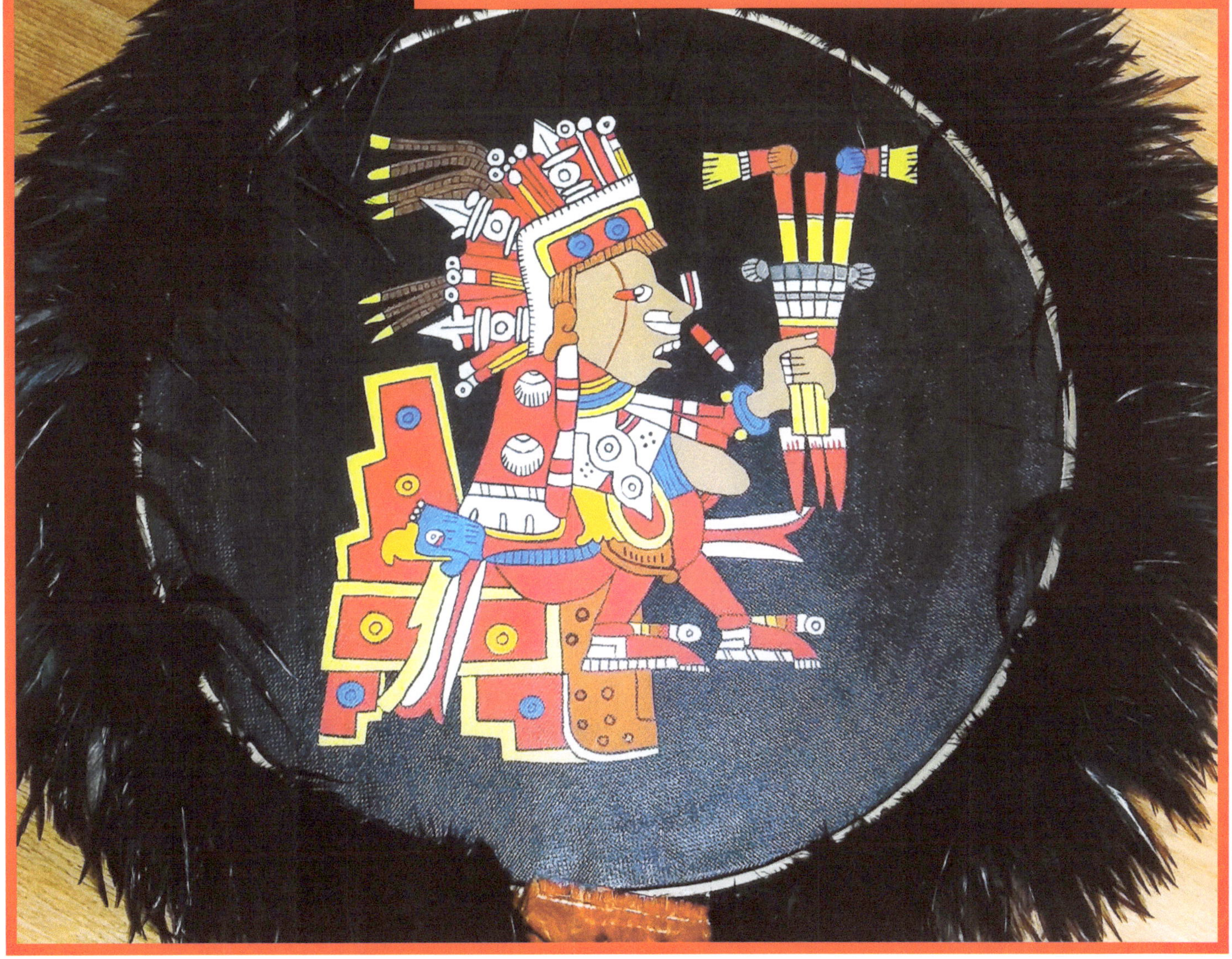

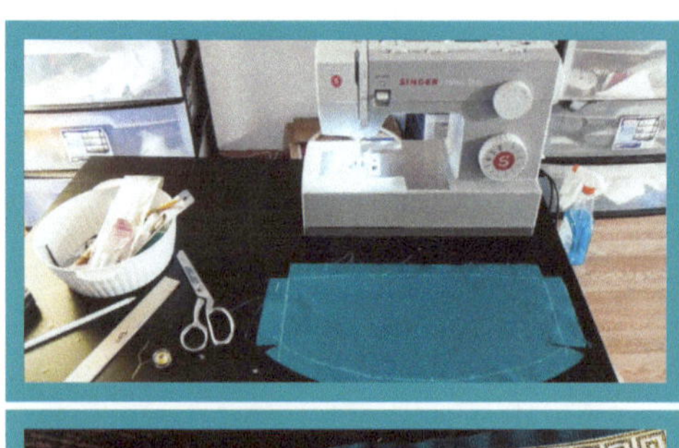
SINGER
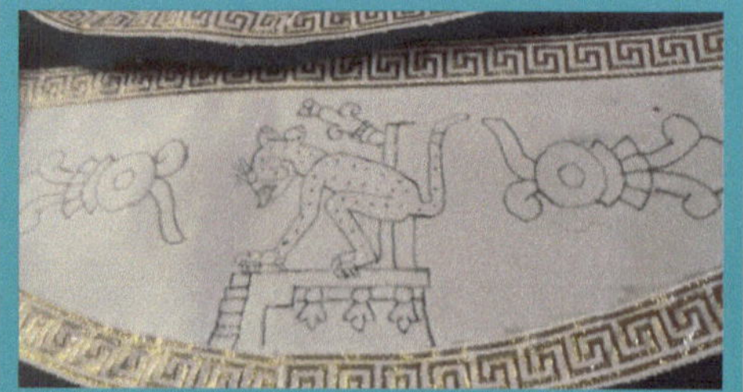
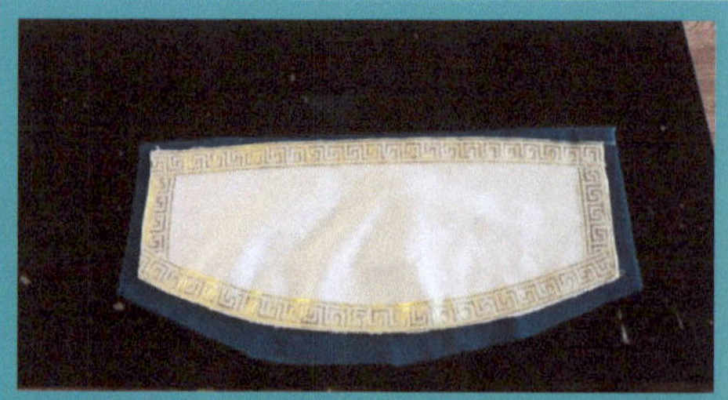
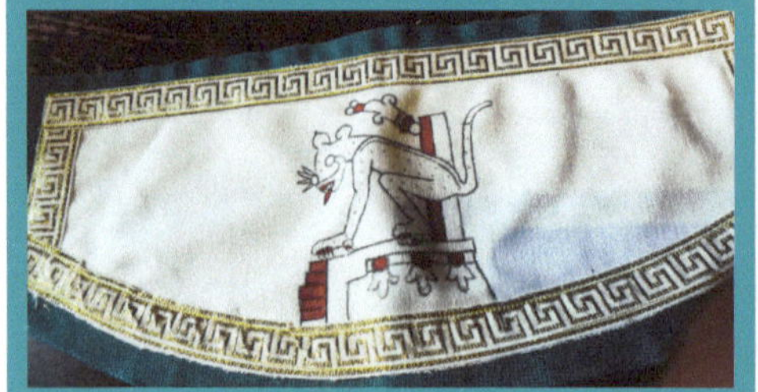
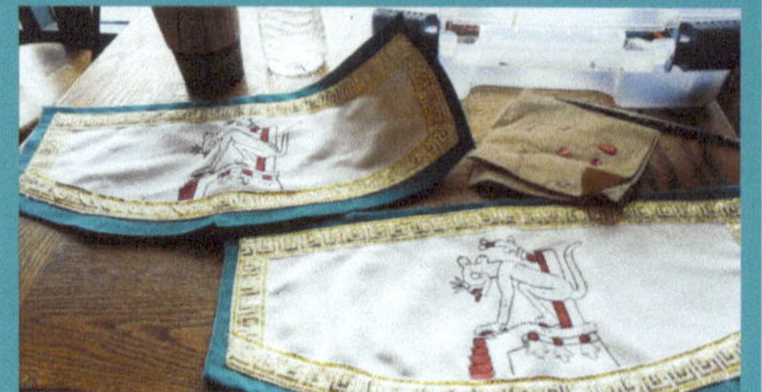
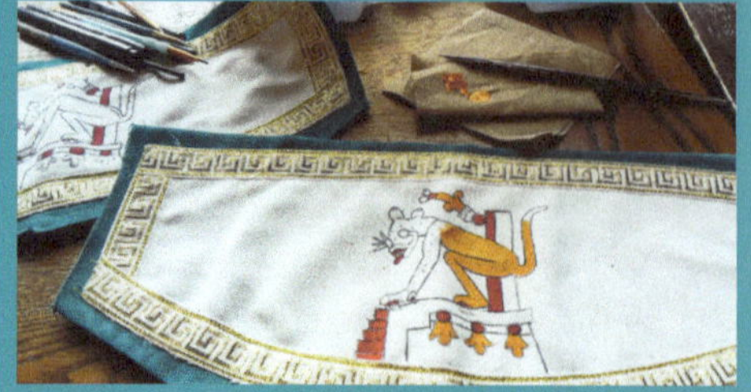
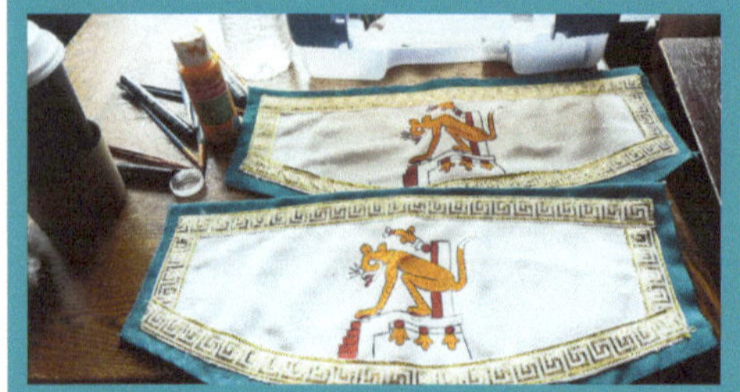
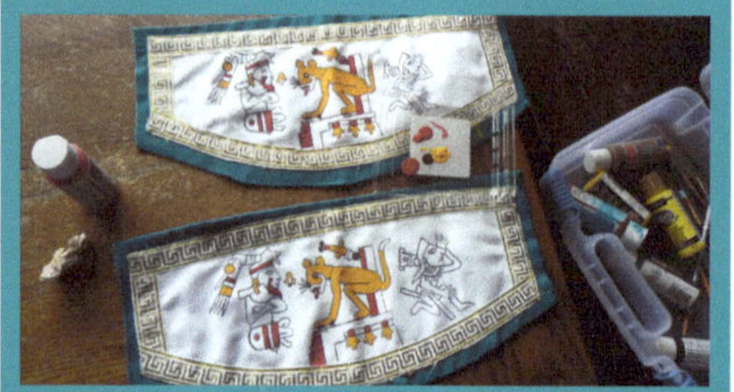
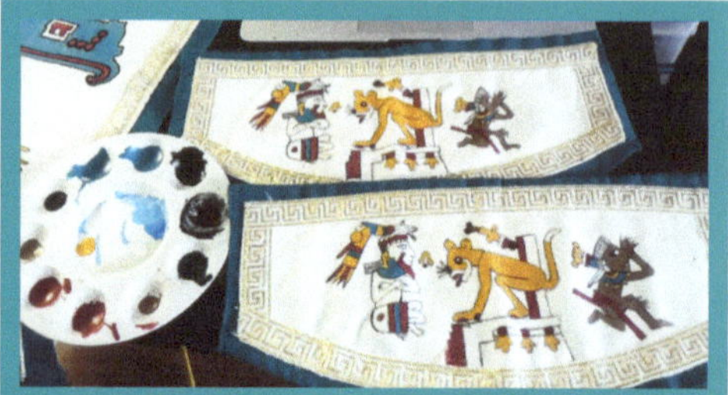
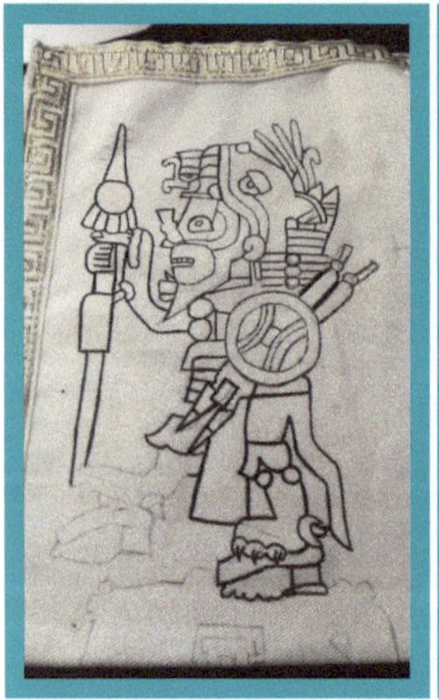
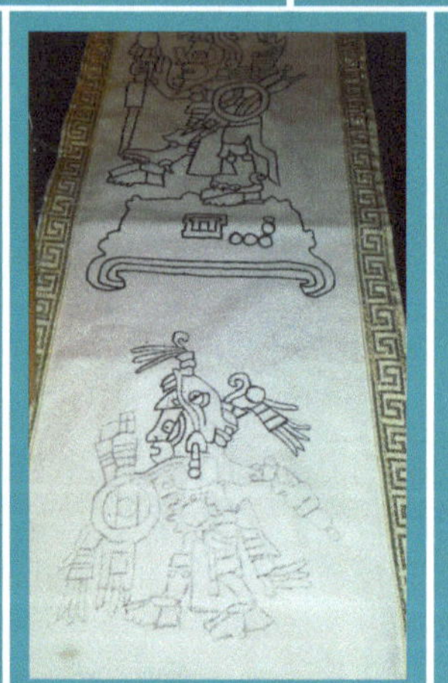
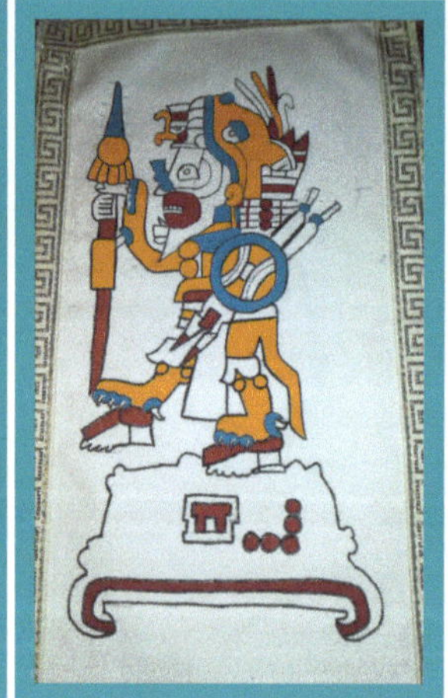
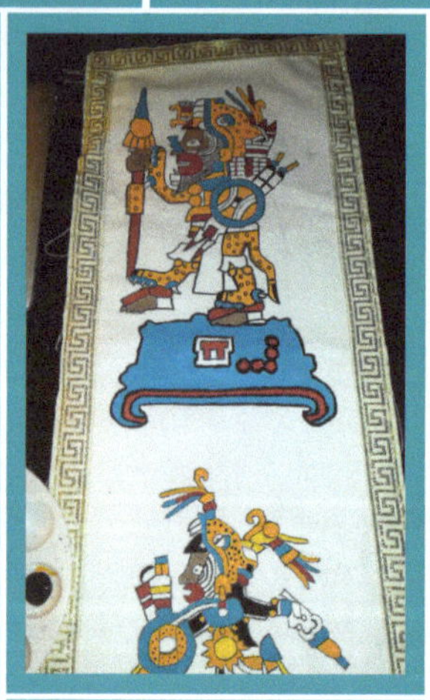
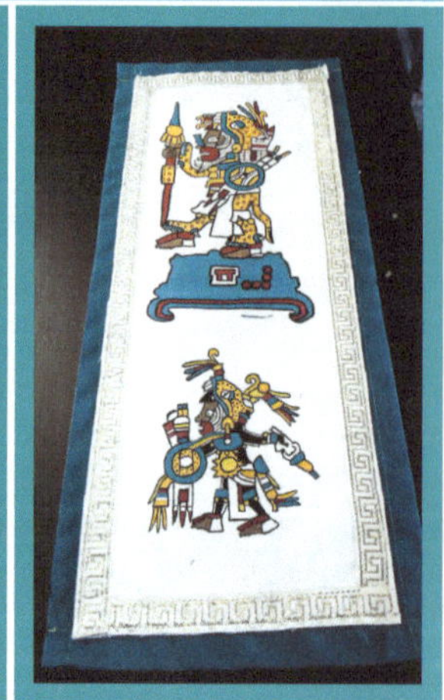
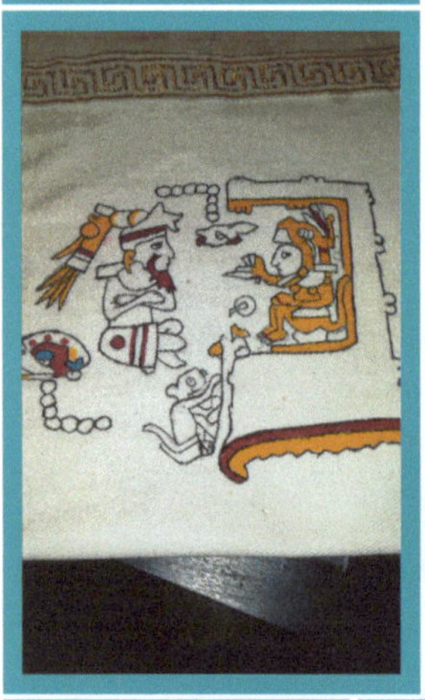
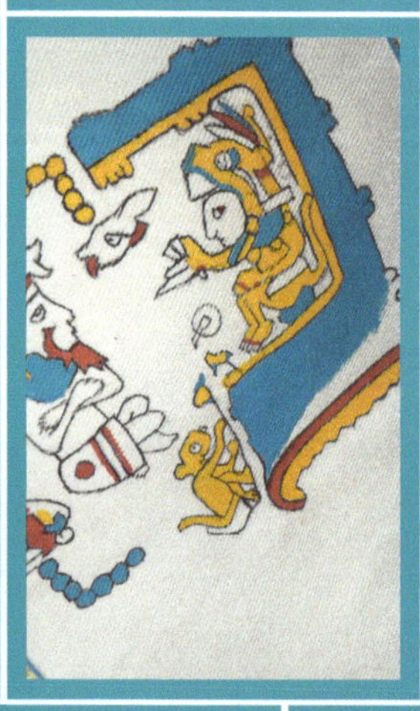
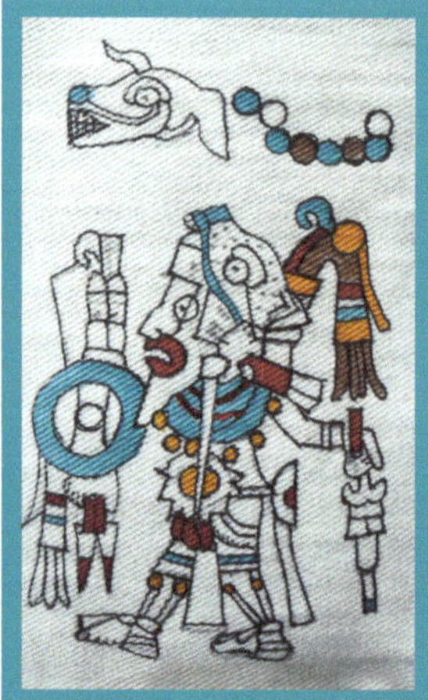
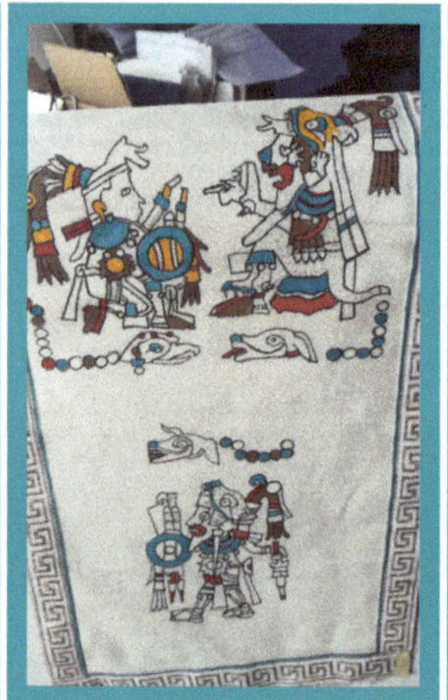
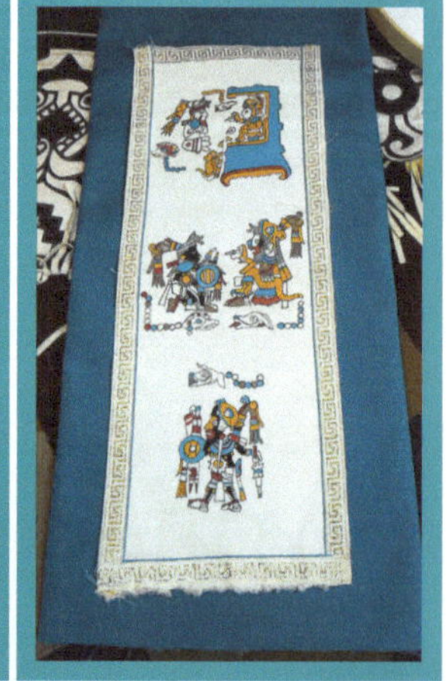
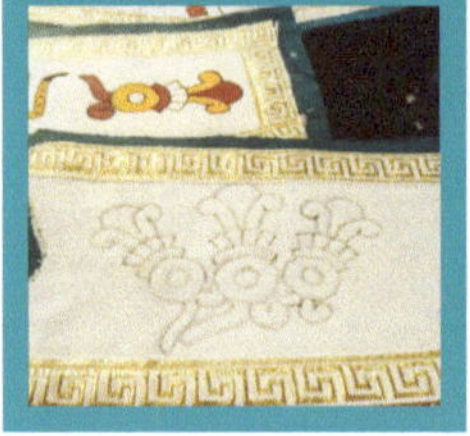
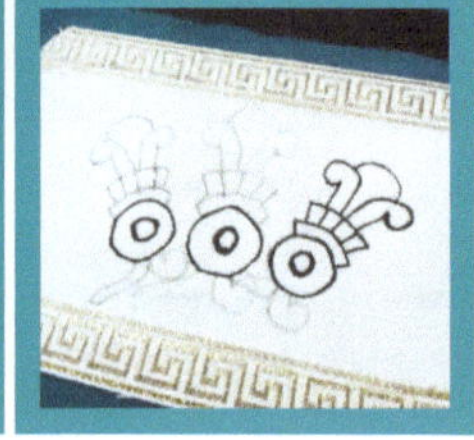
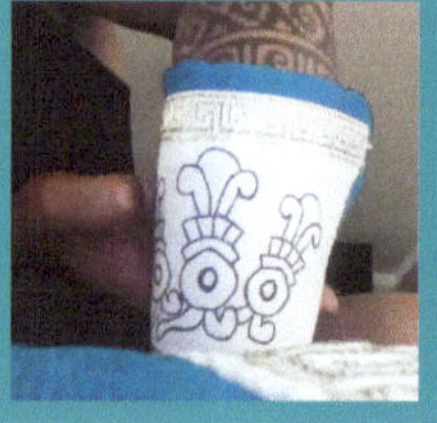
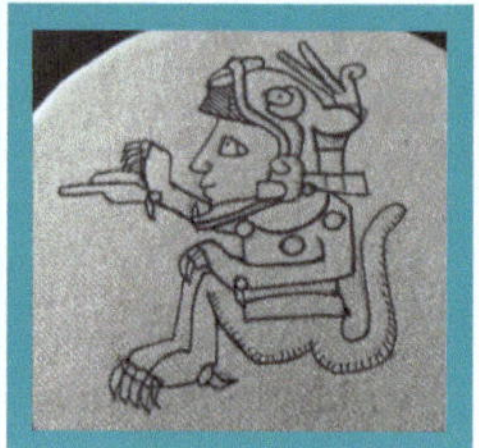
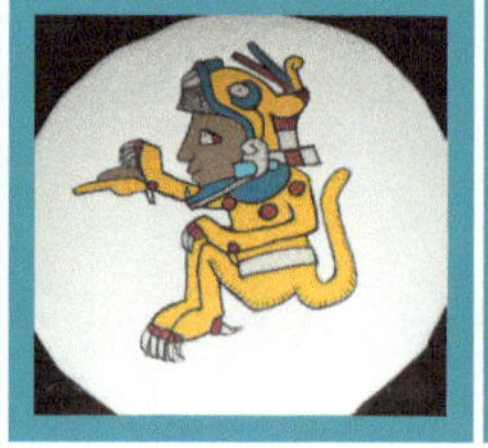
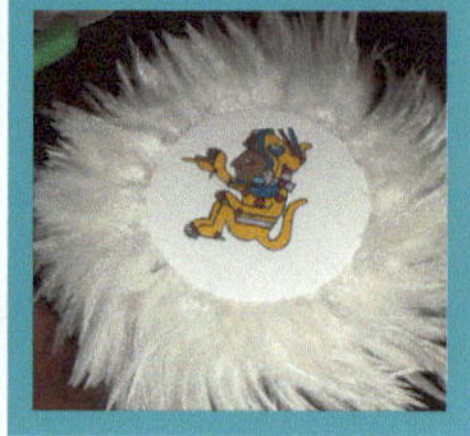

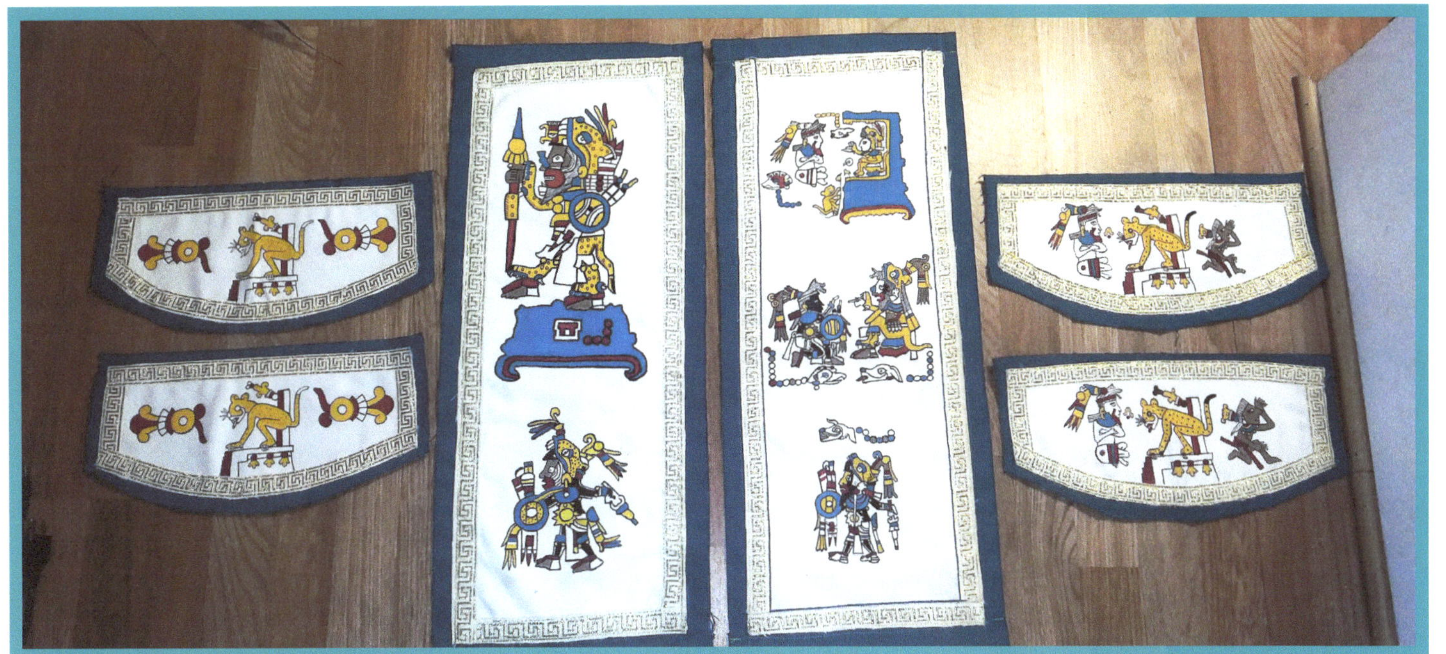

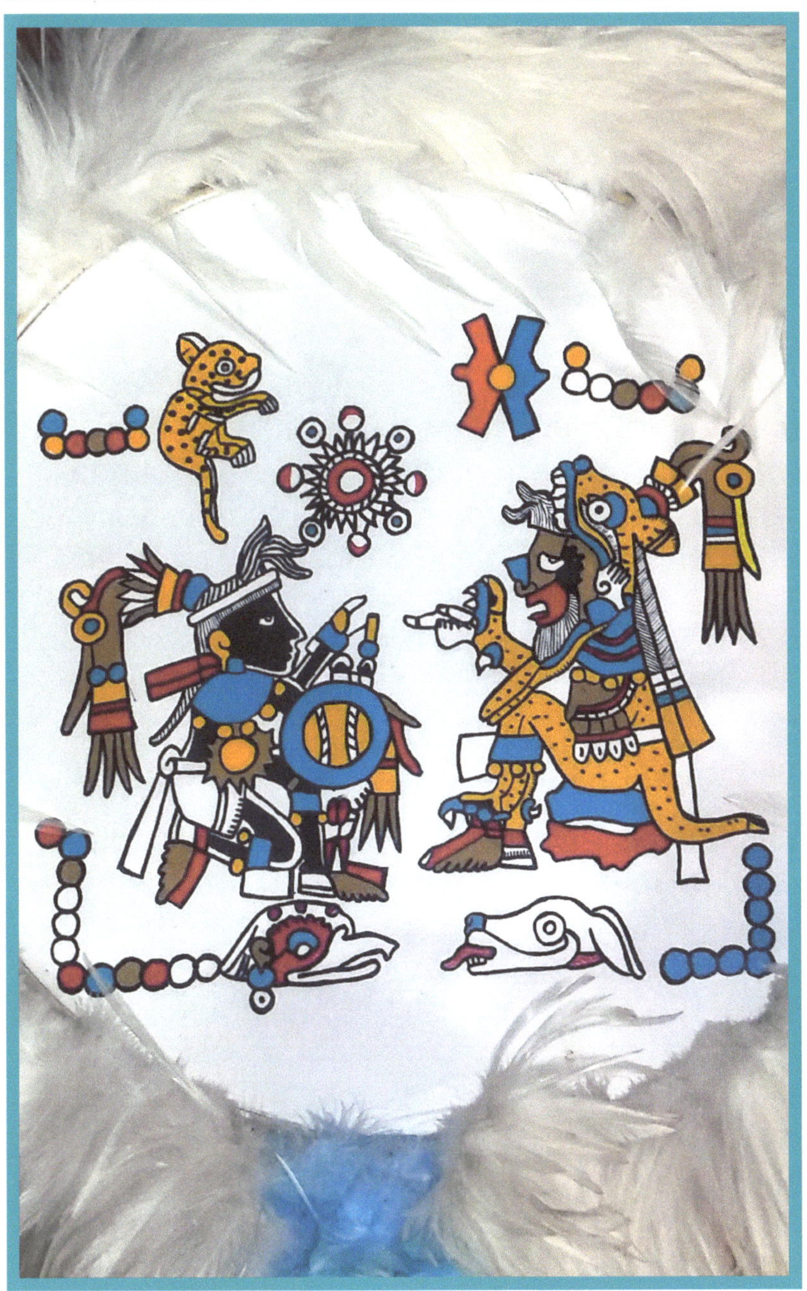

El guerrero **jaguar** azteca, llamado ocēlōpilli en la lengua náhualt, era el miembro del ejército azteca que servía en el mismo como soldado profesional dentro de sus fuerzas especiales. Una de sus particularidades reside en que todos los guerreros jaguar pertenecían a la clase baja, los mācēhualtin, a diferencia de lo que ocurría con sus compañeros, los guerreros águila, que pertenecían a la nobleza.

The aztec **jaguar** warrior, called ocēlōpilli in the náhualt language, was the member of the aztec army who served in the same as a professional soldier within their special forces. One of its peculiarities resides in that all jaguar warriors belonged to the lower class, the mācēhualtin, differently from what happened with their companions, the eagle warriors, who belonged to the nobility.

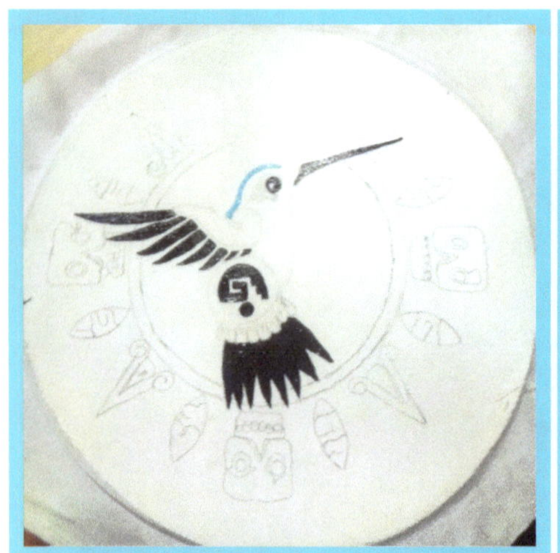
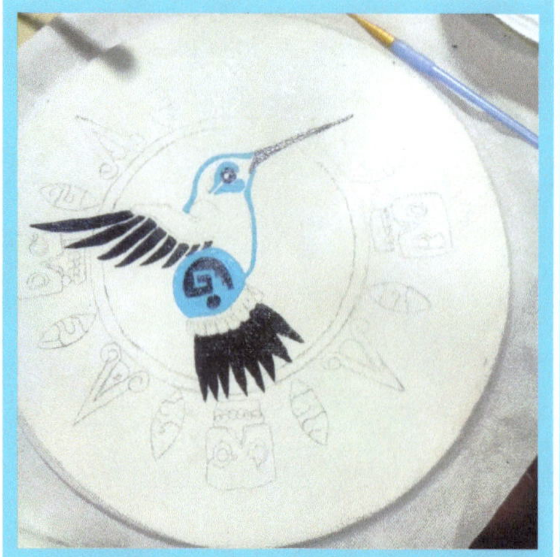
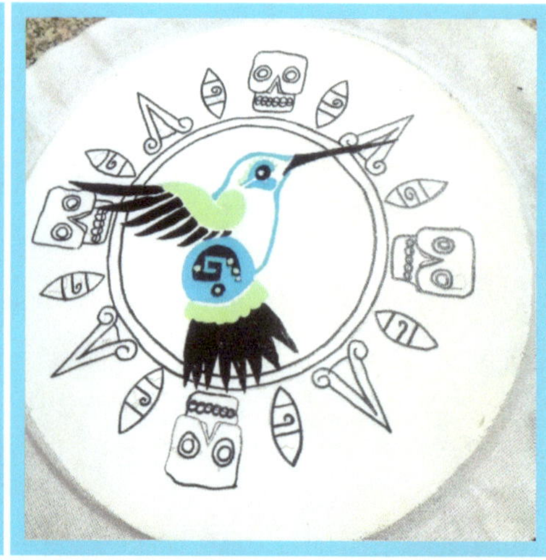
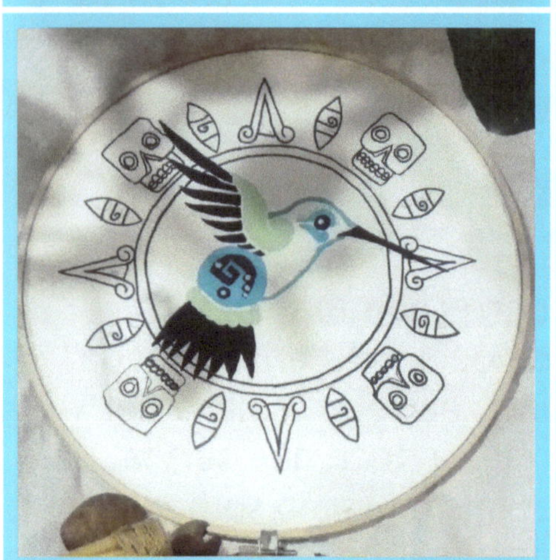
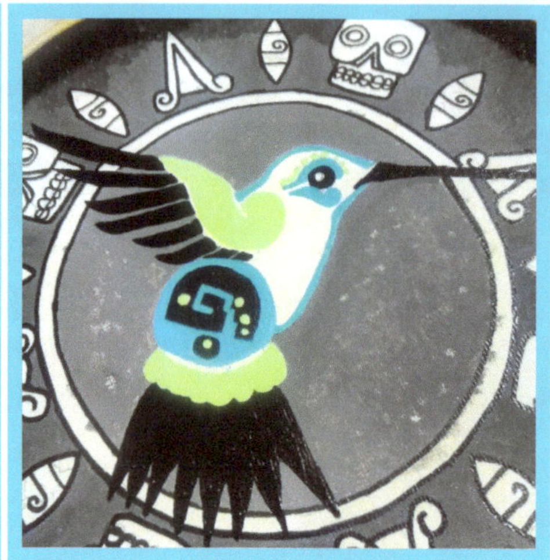
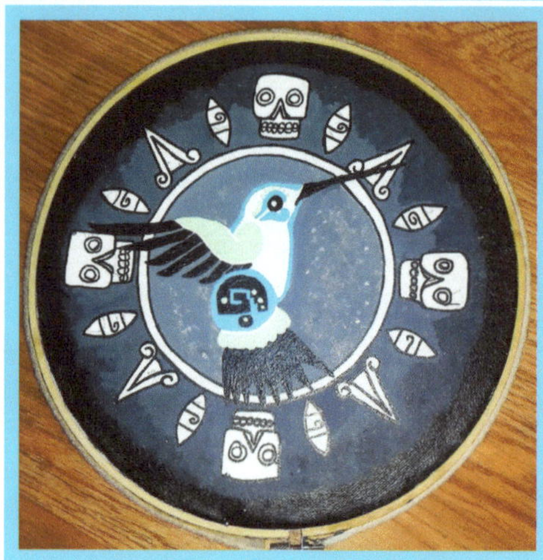
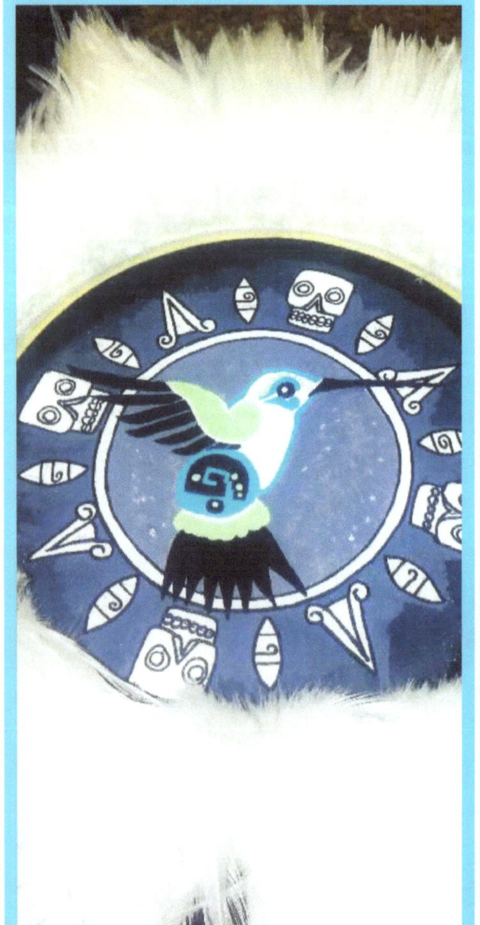

Huitzilopochtli, cuyo nombre significa "Colibrí Azul a la Izquierda," era el dios Azteca del Sol y la guerra. El es representado como un hombre azul completamente armado, con plumas de colibrí en su cabeza. Su madre Coatlicue se embarazó con Huitzilopochtli cuando una bola de plumas cayó desde el cielo y la tocó. Los hermanos y hermanas de Huitzilopochtli pensaron que su madre Coatlicue los había deshonrado con ese embarazo misterioso.

Huitzilopochtli, whose name means "Hummingbird Blue to the Left," was the Aztec god of the Sun and war. He is represented as a blue man fully armed, with hummingbird feathers in his head. His mother Coatlicue became pregnant with Huitzilopochtli when a ball of feathers fell from the sky and touched her. Huitzilopochtli's brothers and sisters thought that his mother Coatlicue had dishonored them with that mysterious pregnancy.

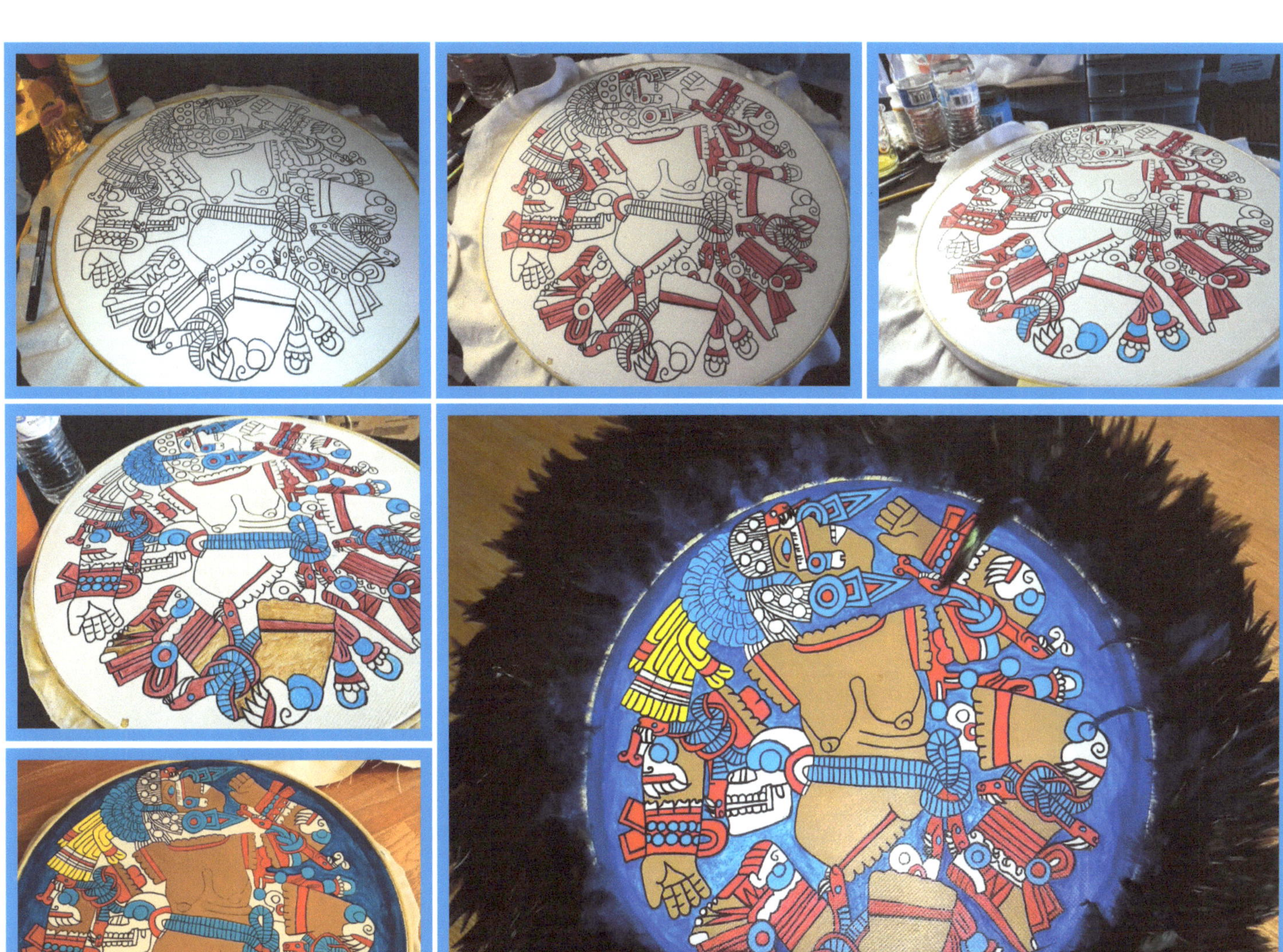

Coyolxauhqui la adornada de cascabeles''coyolli, cascabel; xauhqui, que adorna, es una deidad mexica, quien se considera es la representación de la luna, sin embargo, dado que no presenta ningún signo o glifo lunar, se ha propuesto que representa otro tipo de cuerpo celeste. En la mitología nahua, Coyolxauhqui era hija de la diosa madre Coatlicue y hermana y líder de los dioses de estrellas Centzon Huitznáhuac. Cuando Coatlicue quedó embarazada de Huitzilopochtli, Coyolxauhqui y sus hermanos planeaban matar a su madre al considerarlo deshonroso, por lo que Huitzilopochtli la descuartizó y arrojó su cabeza al cielo.

Coyolxauhqui the adorned of rattles''coyolli, bell; xauhqui, that adorns, is a Mexican deity, who considers herself as the representation of the moon, however, given that she does not present any moon sign or glyph, it has been proposed that she represents another type of celestial body. In nahua mythology, Coyolxauhqui was the daughter of the mother goddess Coatlicue and sister and leader of the star gods Centzon Huitznáhuac. When Coatlicue became pregnant with Huitzilopochtli, Coyolxauhqui and her brothers planned to kill their mother considering it dishonorable, for which Huitzilopochtli quartered her and threw her head to the sky.

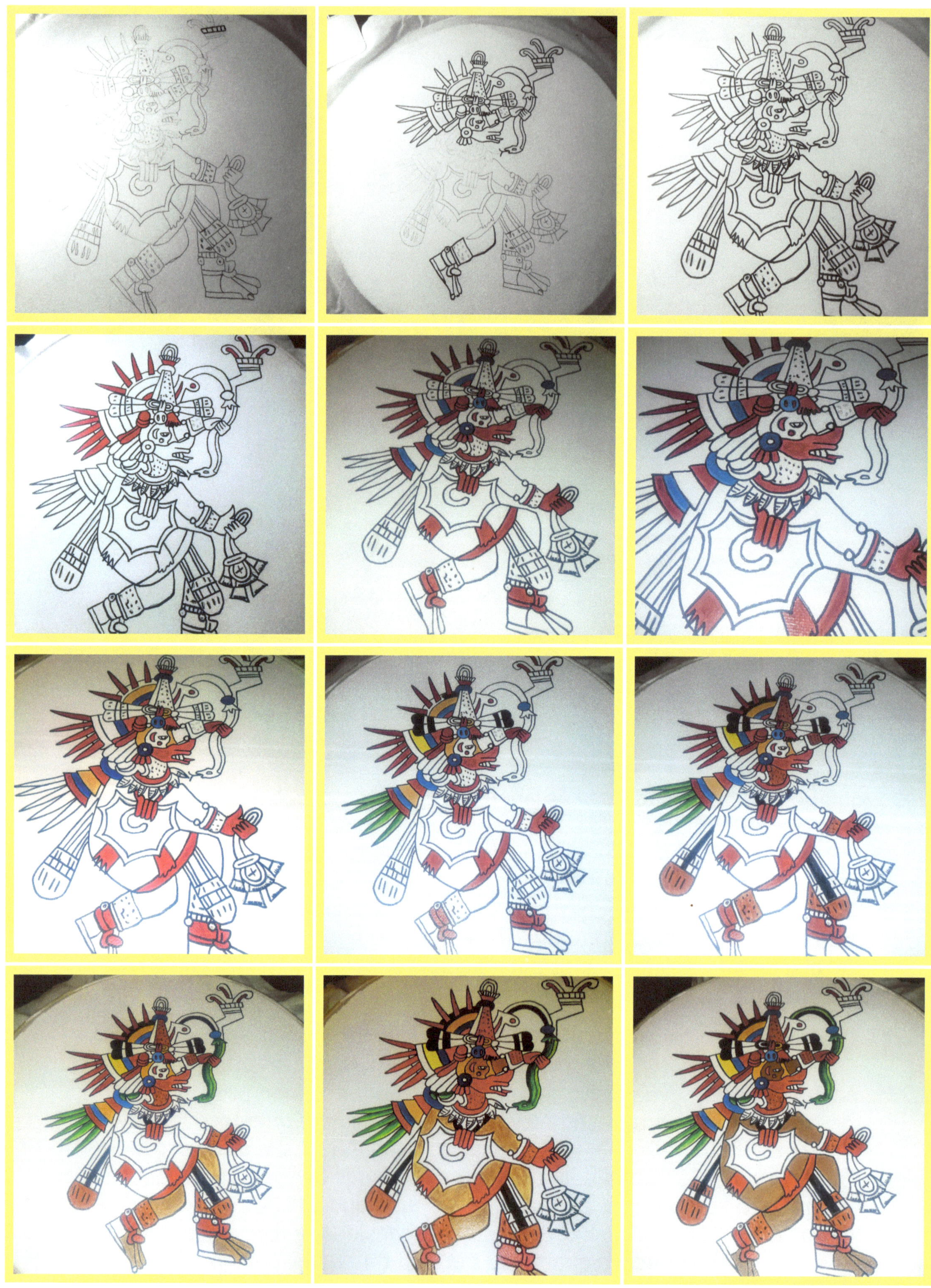

Quetzalcóatl, o la Serpiente emplumada, es una de las deidades principales del Panteón de los indios de Mesoamérica. Esta deidad es una fórmula voluminosa, que incorpora la fuerza de la Tierra (representada por el tótem coatl) y la fuerza del Cielo (representada por el tótem Quetzal). La imagen de la Serpiente emplumada se convirtió en un símbolo de transformación en las tradiciones maya, zapoteca, tolteca y azteca. En la tradición azteca representaba más la forma de Dios que del hombre, de igual forma como en las primeras tribus mayas.

Quetzalcóatl, or the feathered Serpent, is one of the main deities of the Mausoleum of the indians of Mesoamerica. This deity is a bulky formula, that incorporates the strength of the Earth (represented by the coatl totem) and the strength of the Sky (represented by the Quetzal totem). The picture of the feathered Serpent became a symbol of transformation in mayan, zapotec, toltec and aztec traditions. In the aztec tradition it represented more the form of God than of man, in the same way as in the first mayan tribes.

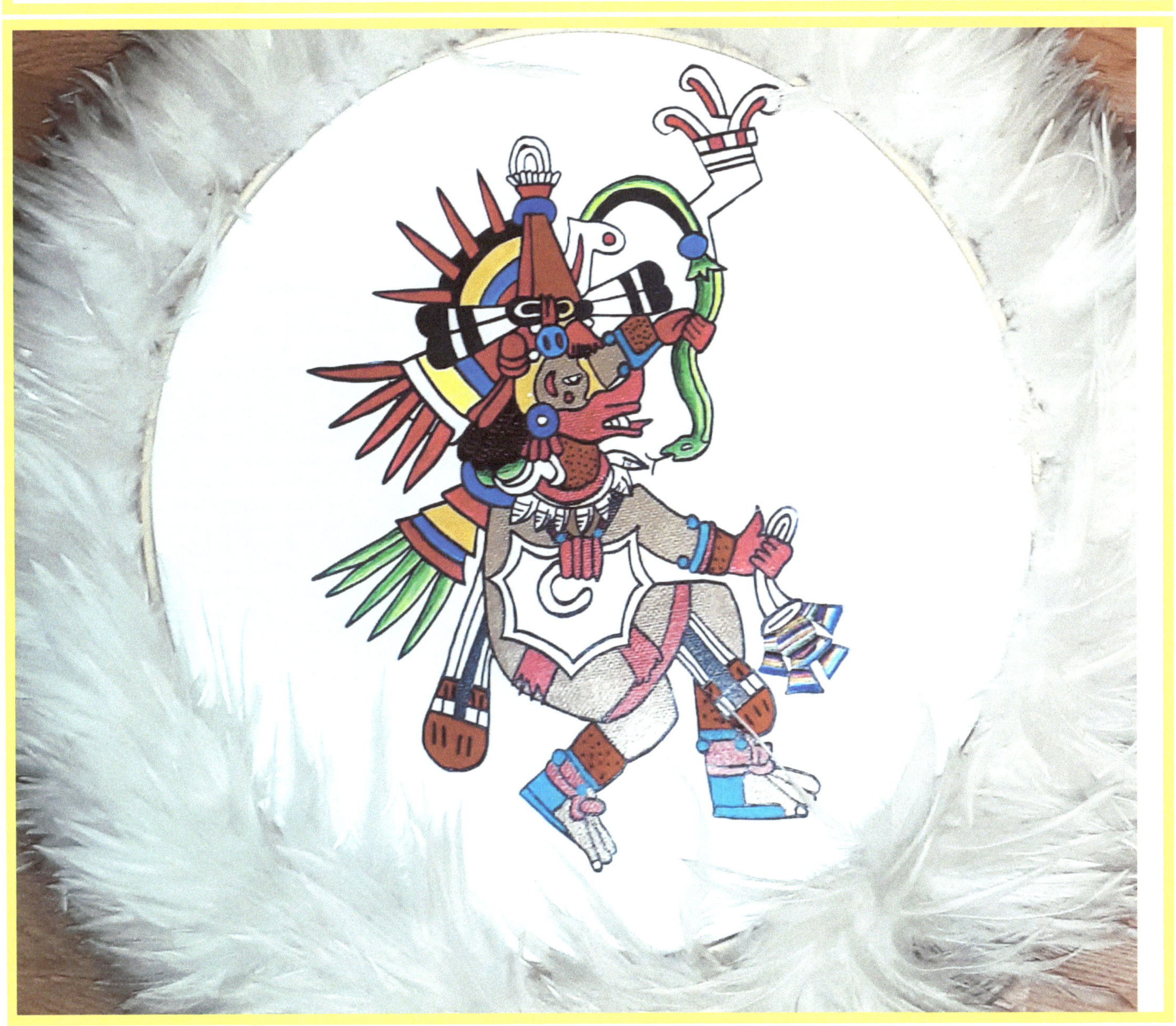

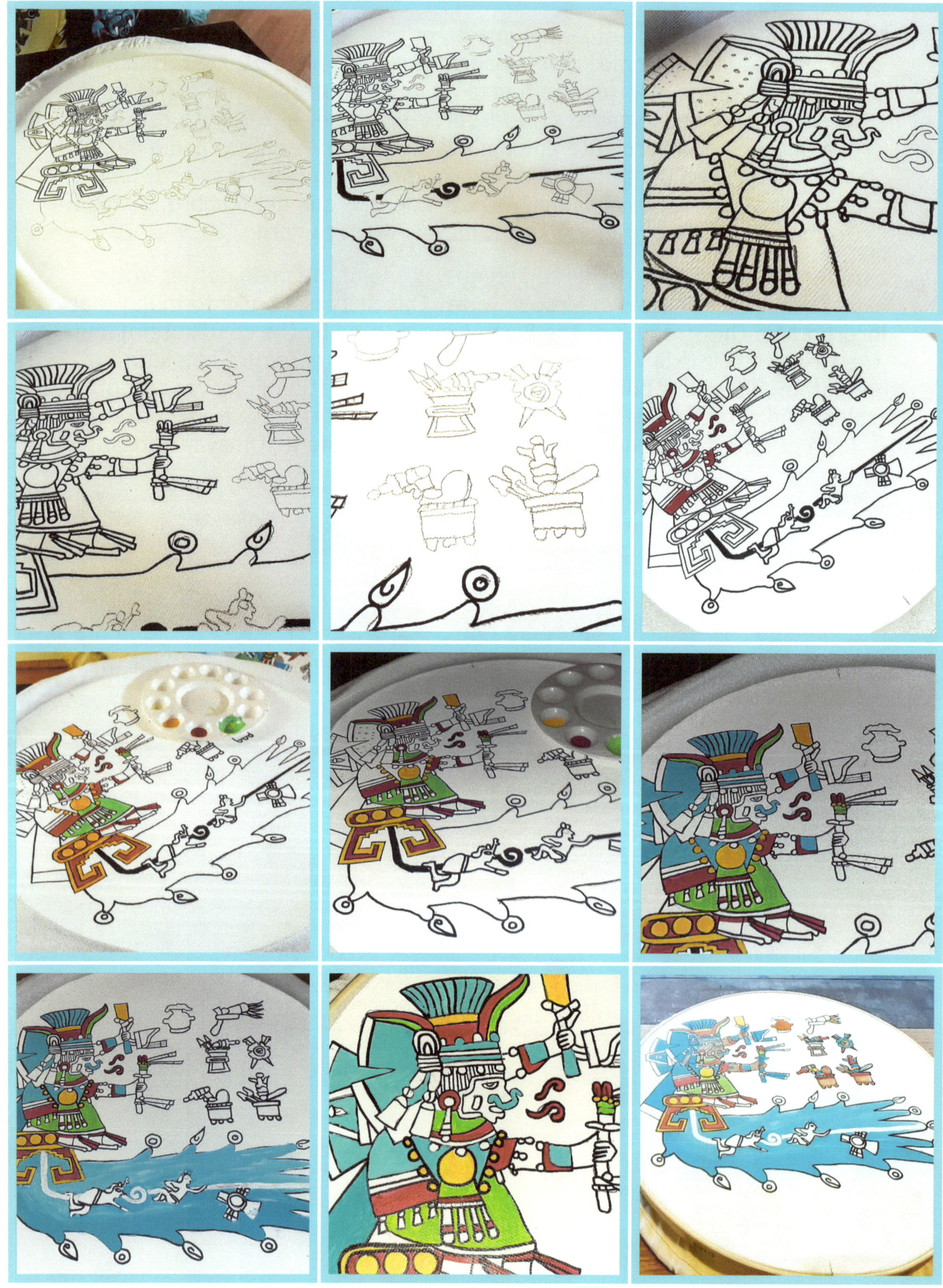

Chalchiuhtlicue La que tiene su falda de jade''chalchihuitl 'jade'; ī-, su; cue(itl), falda')?, Chalchihuitlicue en la mitología mexica es la diosa de los lagos y corrientes de agua. También es patrona de los nacimientos, y desempeña un papel importante en los bautismos aztecas. Preside sobre el día 5 Serpiente y sobre la trecena de 1 Caña. Fue una de las figuras femeninas más importantes vinculada al líquido en la cultura mesoamericana. Chalchiuhtlicue fue considerada también como la más importante protectora de la navegación costera en el México antiguo.

Chalchiuhtlicue The one that has her skirt of jade'chalchihuitl 'jade'; ī-, her; cue (itl), skirt ') ?, Chalchihuitlicue in mexican mythology is the goddess of lakes and currents of water. She is also the patron of births, and plays an important role in aztec baptisms. She presides over Snake day 5 and about the thirteen of 1 Caña. She was one of the most important feminine figures linked to fluid in the mesoamerican culture. Chalchiuhtlicue was considered also as the most important protector of coastal navigation in ancient Mexico.

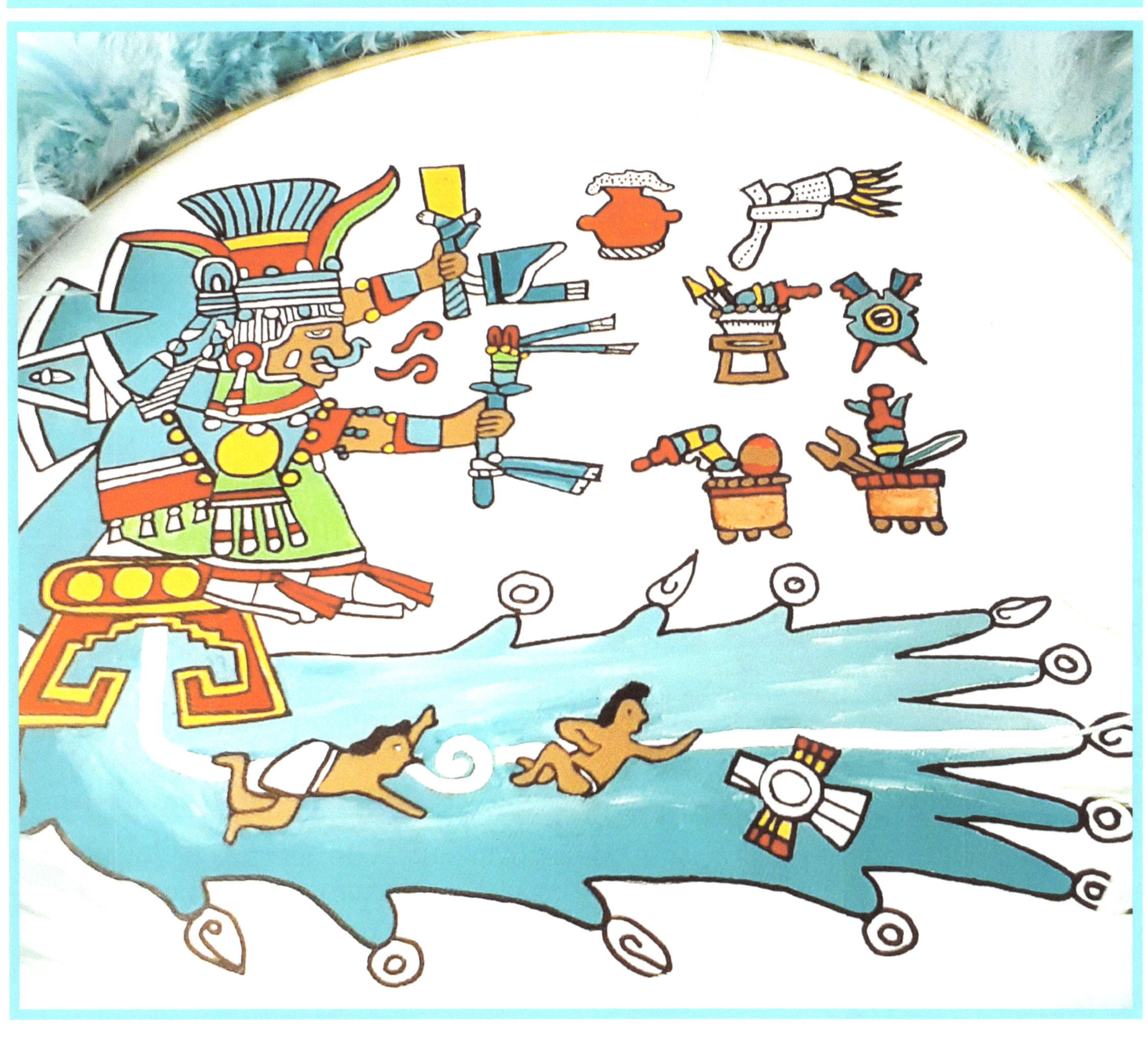

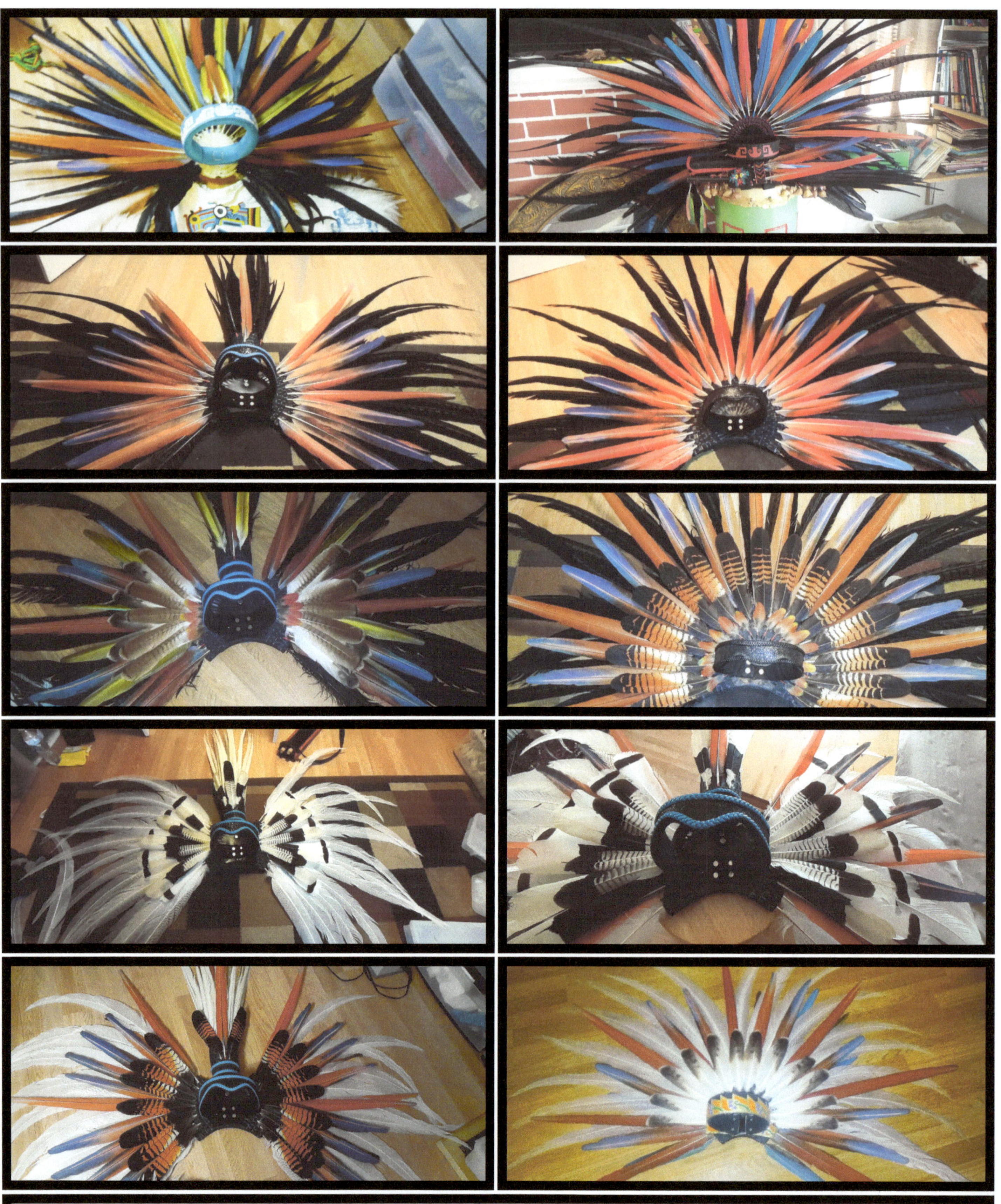

Copil o **Copilli**, también es una corona de oro con plumas de quetzal que simboliza el origen real, la sangre real, la corona real que une lo terrestre con lo celeste.

Copil or **Copilli**, is also a gold crown with quetzal feathers that symbolizes the royal origin, the royal blood, the royal crown that unites the terrestrial with the celestial.

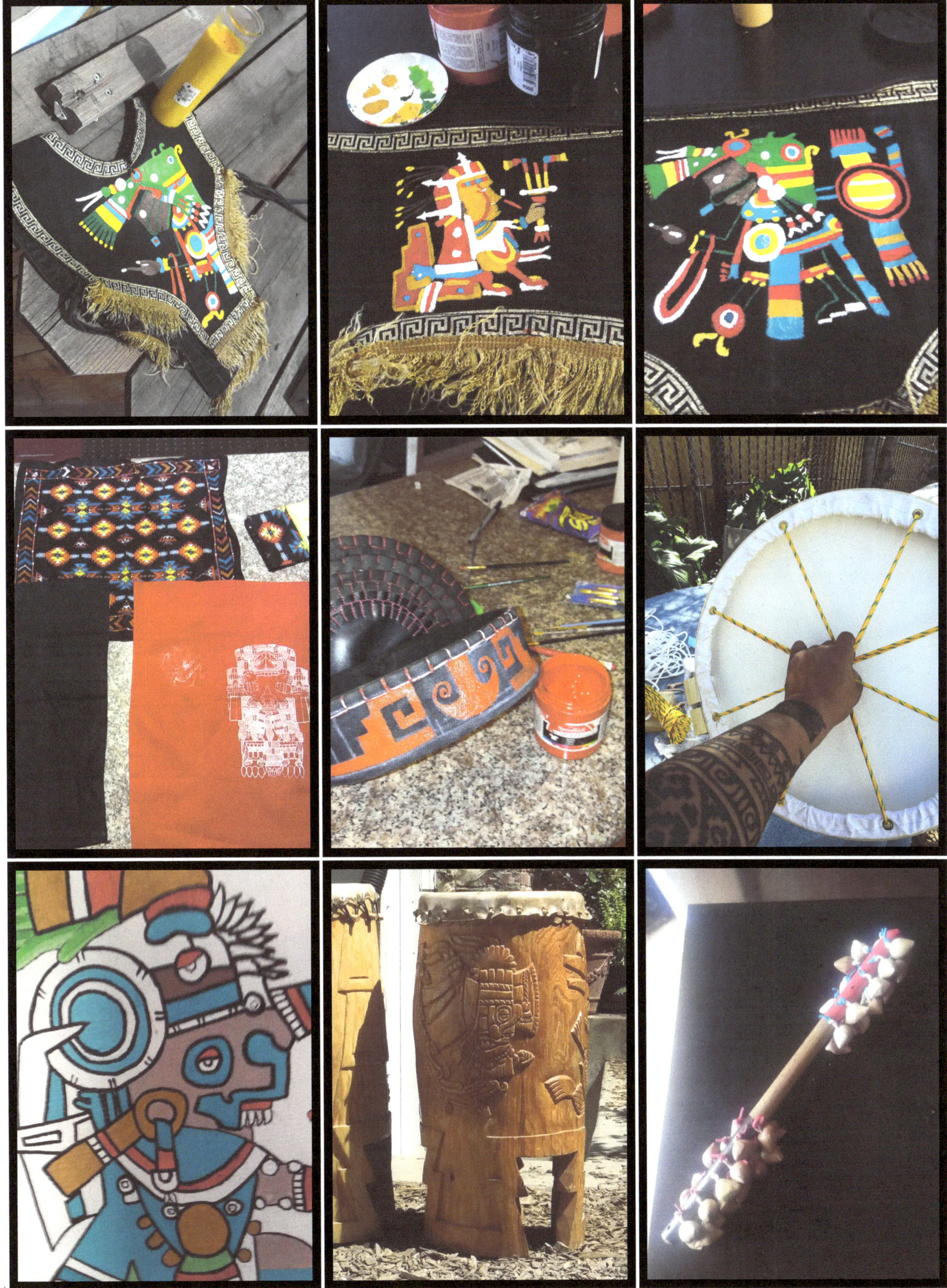

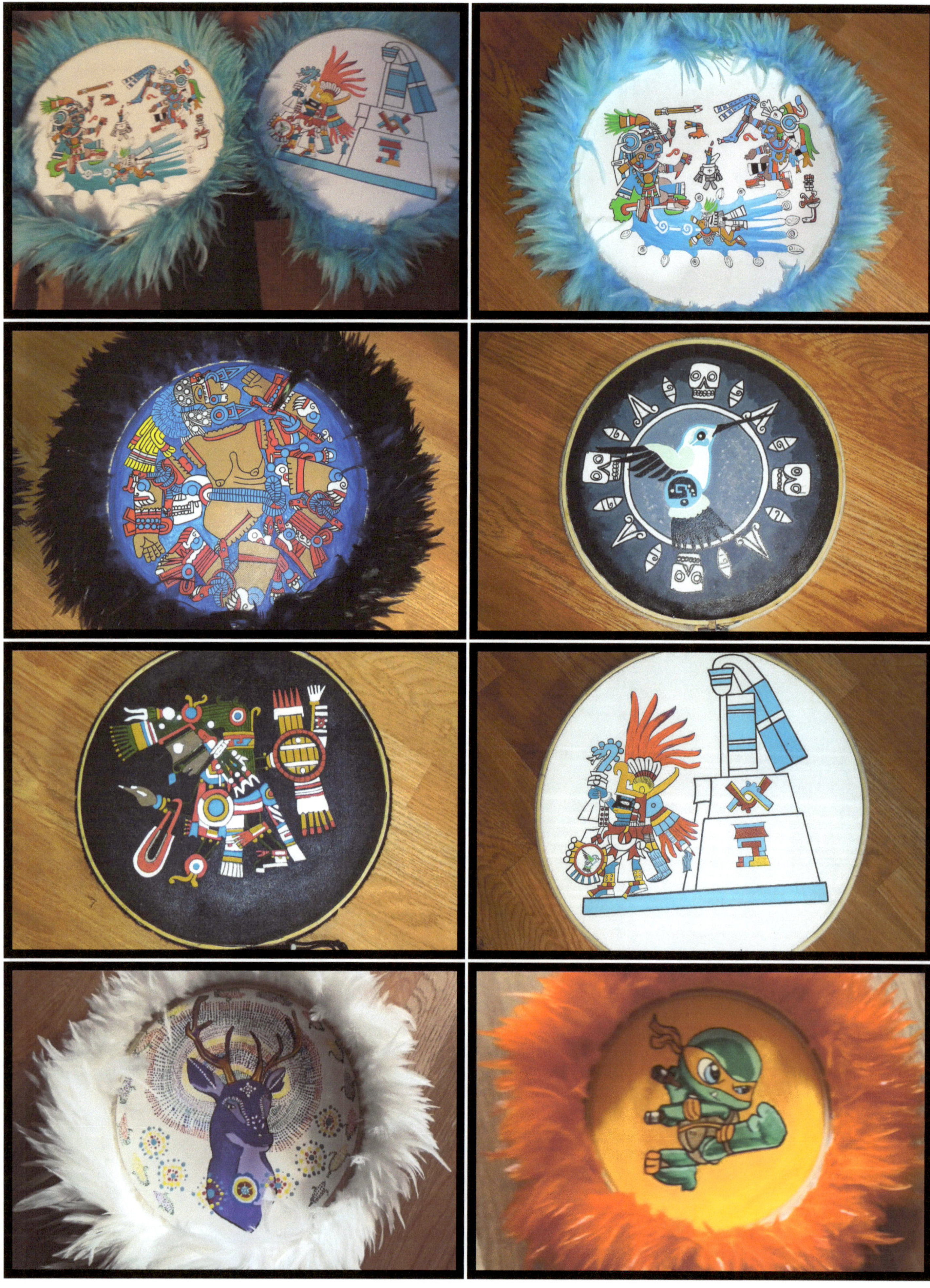

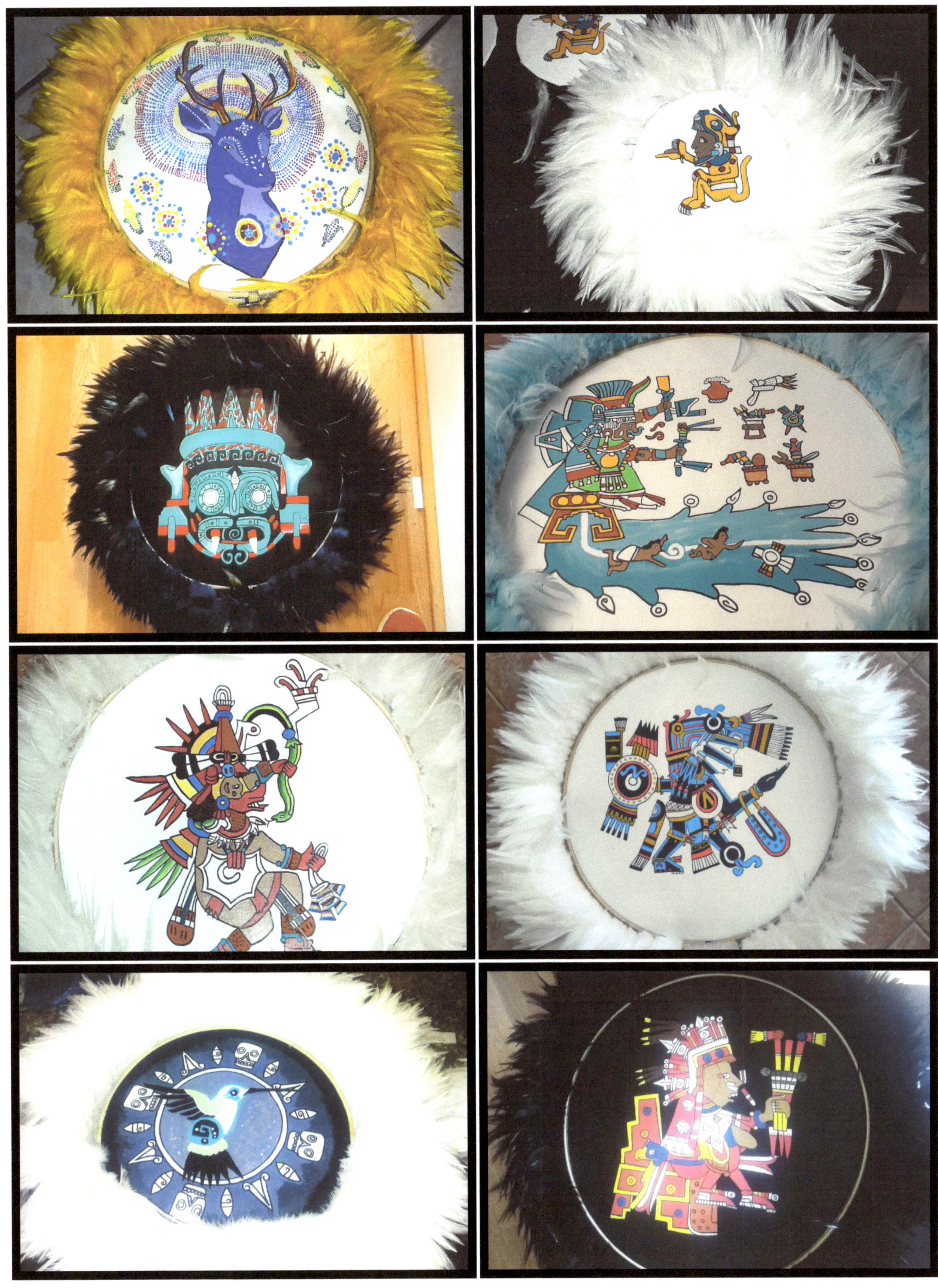

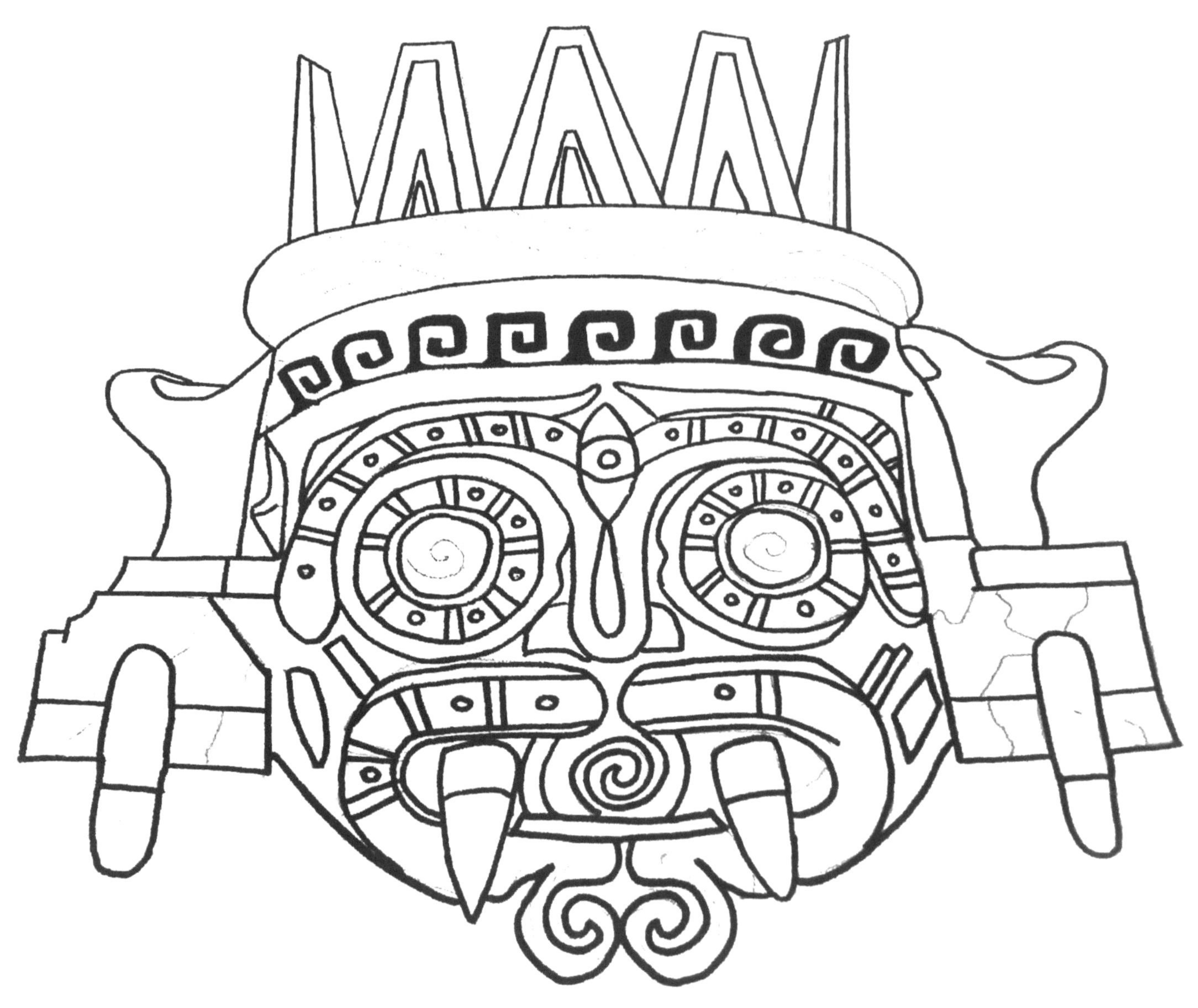

Píntame / Paint Me

Es tu turno de pintar a **Tlāloc** y **Quetzalcoatl.**

It is your turn to paint **Tlāloc** and **Quetzalcoatl.**

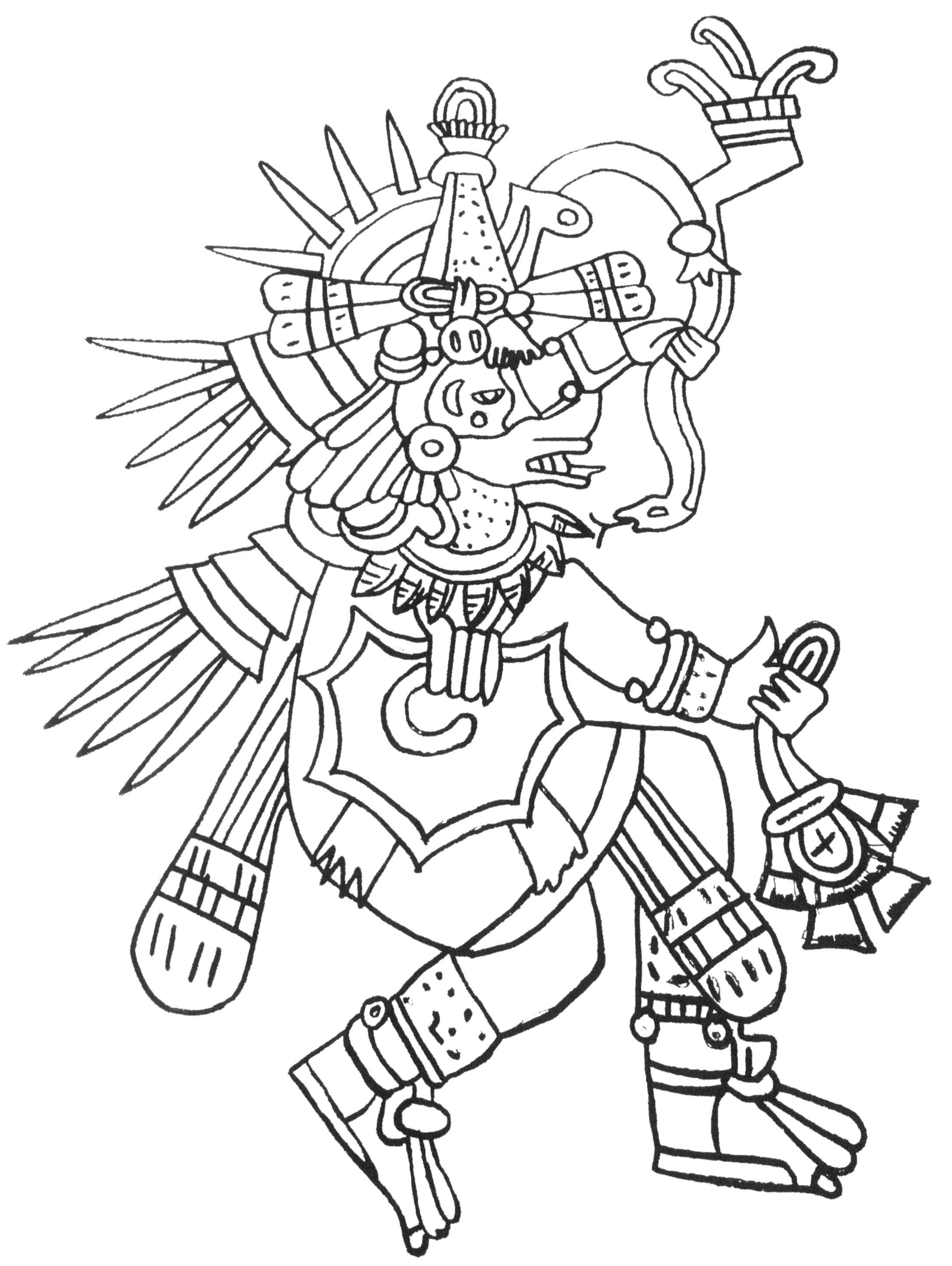

Muteado Silencio

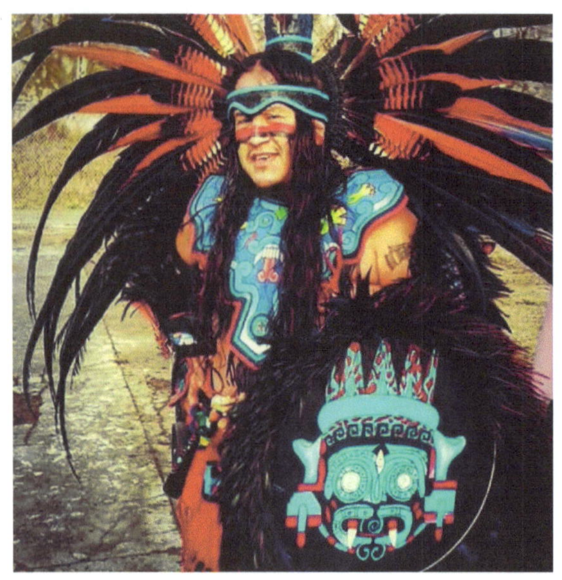

Nacido en Lázaro Cardenas, Michoacán, Mexico - un lugar de pescadores de la gente P'urepecha. Padres: Roselia Jaramillo y Artemio Soberanis.

Poeta, sabio de la pobreza, escritor, pintor, y danzante de la Chintontequisa, MItoteliztli, Danza Azteca.

Nunca tuve la oportunidad de estudiar arte o tomar clases de arte en la escuelas de los Estados Unidos, pero sé que descendemos de artesanos, artistas, poetas y gran creadores, y con este libro estoy tratando de recordar lo que ya traemos en las venas por parte de nuestros grandes abuelas y abuelos. Nuestros abuelos tenían los Calmecas, Teokallis que eran escuelas con enseñanzas en diferentes estudios sobre arte, filosofía, y teoría, que la mayoría que los colonizadores destruyeron.

Gracias a la Chintontequisa, MItoteliztli, Danza Azteca, esta ceremonia nos está ayudando a recordar y reconectarnos con nuestras raíces. CHIMALLI significa escudo, y es una arma de defensa que usaban nuestros abuelos y también símbolo de reconocimiento y usado como premio. Estos CHIMALLI representan diferentes deidades que de una manera u otra tuvieron impacto en mi vida cuando las estaba elaborando y también una oportunidad de aprender un poquito más sobre sus significados.

Biography

Born in Lázaro Cardenas, Michoacán, Mexico - a place of fishermen of the P'urepecha people. Parents: Roselia Jaramillo and Artemio Soberanis.

Poet, poverty skolar, writer, painter, and dancer of the Chintontequisa, MItoteliztli, Aztec Dance.

I never had the opportunity to study art or take art classes in schools in the United States, but I know that we descend from artisans, artists, poets and great creators, and with this book I am trying to remember what we already bring in our veins for part of our great grandmothers and grandparents. Our grandparents had the Calmecas, Teokallis, which were schools with teachings in different studies on art, philosophy, and theory, which the majority that the colonizers destroyed.

Thanks to Chintontequisa, MItoteliztli, Danza Azteca, this ceremony is helping us remember and reconnect with our roots. CHIMALLI means shield, and is a defense weapon used by our grandparents and also a symbol of recognition and used as a prize. These CHIMALLI represent different deities that in one way or another had an impact on my life when I was making them and also an opportunity to learn a little more about their meanings.

www.ingramcontent.com/pod-product-compliance
Lightning Source LLC
LaVergne TN
LVHW070210110826
845147LV00002B/551
* 9 7 8 1 9 5 6 5 3 4 0 0 9 *